Kriol Preya Buk

Anglican Diocese
of the Northern Territory

2021

Kriol Preya Buk

ISBN: 978-0-6452163-0-1

Cover artwork: Rev. Darryn Farrell.
Design and illustrations: Rev. Tavis Beer.

The services are authorised for use under section 4 of the Constitution of the Anglican Church of Australia by the Rt. Rev. Dr Greg Anderson, Bishop of the Northern Territory, 2021.

Text is based on Book of Common Prayer and its successors, such as An Australian Prayer Book and A Prayer Book for Australia; © Broughton Publishing, 1995 and its sources, or is the original work of the Diocese of the Northern Territory. The Diocese of the Northern Territory acknowledges with gratitude the generosity of Knox Broughton Publishing in allowing use of that material.

Scripture passages, when quoted in whole, are from Holi Baibul: The Holy Bible in the Kriol language of Australia © 2006, 2015, 2018 Wycliffe Bible Translators, Inc.

.

Langa dijan buk

Stori blanga Kriol Preya Buk

Wotfo wi abum preya buk

Langa sambala tjetj, pipul oldei yusum preya buk, langa difrinwan tjetj pipul nomo yusum preya buk. Wotfo wi yusum langa Enggliken Tjetj? Wal, im gud bla yusum detlot wed weya ebribodi sabi en olabat gin joinin mijamet. En im gud bla yusum detlot wed weya joinimap wi garram Enggliken pipul la difrindifrin pleis – nomeda detlot wed brom najalot langgus, bat det mining im stil seim. En im gud bla yusum detlot wed weya agri la wanim det Baibul dalim wi. Detlot wed la dis preya buk bulurrum det Baibul en hau im dalim wi wanim bla dum wen wi weship God. En detlot wed album wi jinggabat det gudnyus bla Jisas, en wanim imin dum bla seibum wi.

Hau wibin meigim dis preya buk

Loda pipul bin wek mijamet bla meigim dis preya buk. Deibin abum sambala wekshop en konfrens bla jinggabat hau bla meigim dis preya buk gudwei. Deibin jinggabat hau bla meigim detlot wed isi bla yusum nomeda pipul gin ridim Kriol gudwei o pipul kaan ridim gudwei. Sambala bin wek bla pudum wankain sebis la Kriol, en afta, najalot pipul bin tjekap. Pipul bin yusum det feswan draf, en deibin gibit fidbek bla enijing weya deibin reken nomo brabli gud, en najawan wekshop konfrens bin jinggabat det fidbek en deibin tjeinjim det buk mowa. Det bishap bin luk la detlot sebis du, en imin gibit fidbek. Ebribodi bin adwek bla meigim det preya buk brabli gudwan.

Sambala ting bla detlot wed la dis preya buk

La dis preya buk, seim laik Ingglishwan preya buk, wi garram sambala preya weya wi ol tok la God mijamet. En samtaim det lida la sebis tok samting la wi, o la God, en wi gibit ensa. La detkain pleis, dis preya buk yusum wed weya det pipul makim det lida. Bla eksempul: det lida tok 'Jisas Krais im iya garram wi' en ola pipul tok, 'Yuwai im iya garram wi'. Bla tharran na im isi bla ebribodi bla joinin garram detlot wed.

Brom Ingglish, oni wan wed 'we' jidan weya abum det mining bla fobala Kriol wed: 'yunmi, minbala, melabat, wi'. Wen wi tok la God bla wiselp, wi yusum det wed 'melabat'. Wen wi tok la pipul en wi joinin mijamet la det ekshan wi tok 'wi'.

Wen wi raidimdan det Kriol langgus, samtaim wi yusum det longwan wed, bat wen wi tok wi meigim detlot wed mowa shotwan. Bla eksempul: wi raidim 'langa', bat loda taim wi tok 'la'. Seim bla 'blanga/bla/ba', 'melabat/mela', 'meigim/meigi', 'lagijat/laat' en najalot wed du. Wen yu luk det longwan wed la preya buk, yu gin tok det shotwan wed if yu wandim. Oni yu lafta jinggabat wanim mowa isi bla ol detlot pipul hu deya la sebis.

Im gudwan dis Kriol preya buk. Mi askim God bla album yu yusum det buk gudwei, dumaji wi wandim det gudnyus bla Jisas bla spredat, en wi wandim bla wi weship bla meigim wi jidan strongbala en wanbala, en bla album wi kipgon bulurrum det wei bla Jisas.

Bishap Greg Anderson, Julai 2021.

Detlot Sandei Sebis

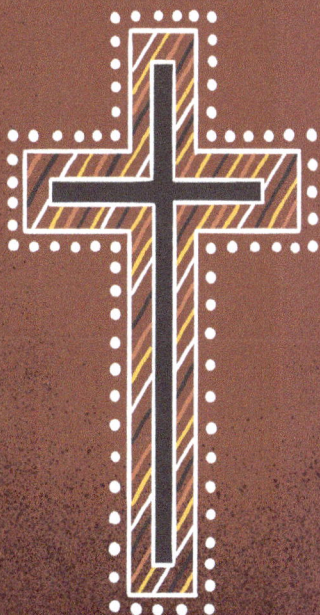

Ailibala Preya Sebis

Ailibala Preya Sebis

Langa dijan sebis, if det redwan raiting tok 'lida', wal eni tjetj lida gin dum. Wen pris jidan deya, maitbi im gin yusum det komyunyan sebis.

MAJURRUMAP PIPUL BLANGA GOD

1. *Det lida garra tok 'gudei' langa ola pipul, en prei basdam.*

2. *Det lida garra tok basdam, en ebribodi tok afta.*

Jisas Krais, det Bos, im iya garram wi.
Yuwai, im iya garram wi.

Oni langa Istataim:

Krais bin gidap laibala.
Trubala! Imbin gidap laibala.

Wal det nait, imbin binij na,
en wi nomo sabi wanim garra hepin tudei.
Melabat garra weship im
garram wanbala hat en main.

3. *Det lida garra ridimat wanbala wed brom dislot.*

O, maitbi det lida gin pikimat najawan Baibul bes, laik wanbala brom dislot: Romans 5:5; Rebaleishan 5:12; Rebaleishan 15:3-4; Hibrus 13:15; Saam 66:1-3.

Langa Fes Pida 1:3 im tok,
Wal wi garra gibit theingks langa God det Dedi blanga Jisas Krais det Bos blanga wi, dumaji imbin brabli kain langa wi, en imbin gibit wi nyubala laif wen imbin meigim Jisas Krais gidap laibala brom dedbala.

Langa Saam 96:2-3 im tok,

Sing langa Yawei en preisim im. Dalimbat det gudnyus ebridei weya imbin seibum wi. Dalimbat pipul langa ebri kantri im brabli haibalawan, en dalimbat olabat blanga ola haibala ting imbin dumbat.

Langa Jon 4:24 im tok,

En wi Dedi lukabat detkain pipul hu weship im brabliwei garram olabat spirit trubalawei, dumaji God im Spirit, en detlot pipul hu weship im garra weship im brabli- wei garram olabat spirit trubalawei.

4. *Sing sambala song blanga preisim God.* ♩♩♩

TOK SORI LANGA GOD

5. *Det lida garra ridimat dijan wed brom Baibul.*

O, maitbi det lida gin yusum najawan bes brom dislot: Denyul 9:9-10; Luk 15:18-19; Eks 17:30-31.

Langa Fes Jon im tok,
Wal if wi reken wi nomo bin dum eni nogudbala ting,
  wal wi dalimbat laiya langa wi ronselp,
  en det trubala wed nomo jidan langa wi.
Bat God im oldei jidan trubala,
  en im oldei gibit wi feyago,
  en if wi onap langa im blanga ol detlot nogudbala
    ting weya wi dumbat,
  wal im garra larramgo wi fri.   *(Fes Jon 1:8-9a)*

Maitbi abum lil kwait taim wulijim pipul gin jinggabat.

6.   Det lida garra tok:

Wal, wi garra onap blanga ol detlot nogudbala ting weya wibin dum, en wi garra sori miselp langa Dedi God.

Afta ebri preya, wi ol tok mijamet:
Yuwai, melabat sori miselp langa yu Dedi God.

Dedi God,
   melabat gibit theingks langa yu,
   dumaji yu laigim melabat brabliwei
   en yubin jandim yu ronwan san, Jisas,
      hubin dai blanga melabat.

Yubin meigim melabat klebawan blanga
      jinggabat yu brabliwei
   en blanga sabi dijan wel gudwei.
Bat seimtaim melabat nomo laigim yu
   o jinggabat yu,
   en dijan meigim yu nogudbinji.
Yuwai, melabat sori miselp langa yu Dedi God.

Dedi God,
   yubin gibit langa melabat maus,
   blanga tok ola gudbala ting
      weya yubin dum.
Bat seimtaim melabat nomo tok gudwei.
Yuwai, melabat sori miselp langa yu Dedi God.

Dedi God,
   yubin gibit melabat bingga
     blanga dum ola gudbala wek,
   en blanga album najalot pipul,
   en blanga lukaftumbat dijan kantri gudwei.
Bat seimtaim melabat nomo jidan gudwei.
Yuwai, melabat sori miselp langa yu Dedi God.

Dedi God,
   yubin irrim melabat preya,
   en melabat askim yu blanga
     larramgo melabat fri brom melabat nogudbalawei.
Album melabat jidan brabliwei langa Jisas neim.
Amin.

7.   *Det lida garra tok:*

Langa Hibrus im tok,
   Jisas gin oldei seibum enibodi hu wandim
kaman langa God thru im, dumaji im jidan
laibala olagijawan, en im gin oldei askimbat
God blanga olabat.

(Hibrus 7:25)

16

EBRIBODI TOK GUDBINJIWEI

8.   Ebribodi garra jandap blanga tok gudbinjiwei:

Wi na det bodi blanga Krais!
Im Holi Spirit jidan garram wi!

Gibit theingks langa Yawei,
   dumaji im na brabli gudbala;
En im laigim wi olagijawan.

Det brabli kainbalawei en det brabli gudbalawei
   blanga God jidan garram wi;
Yuwai, im jidan garram wi.

Ebribodi garra wokaran en tok gija:
   God im gudbinji langa yu;
   Yuwai langa yu du.

9.   Sing song. ♫♫♫

BIGININI TAIM GARRA STAT NA

*10.   Maitbi sambodi garra gibit lilwan tok langa olabat
o maitbi detlot biginini garra go samweya blanga jidan
wansaid en olabat garra abum Sandei Skul.*

WED BLANGA GOD

11. Det lida garra tok dijan preya:

Dedi langa Hebin,
  gibit melabat klinwan main
  en meigim melabat sabi wen melabat irrim yu wed.
Album melabat blanga sabi yu brabliwei,
  en blanga laigim yu mowa
en titjim melabat hau blanga meigim yu gudbinji
  blanga ol detlot ting weya melabat dum,
    langa Jisas neim. **Amin.**

*O, maitbi det lida garra tok det preya blanga det dei,
o speshalwan preya blanga speshalwan taim, laik Gud Fraidei
o Ista o Krismas (peij 126–128).*

12. Sambodi garra ridimat stori brom det Holi Baibul.

Afta ebri riding, det rida gin tok:

Irrim det wed blanga God.
Wi gibit theingks langa im.

13. Det lida garra tok det mesij brom detlot Baibul riding iya.

14. Sing song. 🎵🎵🎵

15. *Maitbi ebribodi gin tok det Krid iya.*

Ai bilib langa Yawei,
  hu garram ola pawa,
  en im na bin meigim ebrijing
  langa hebin en iya langa graun.

Ai bilib langa Jisas Krais,
  det oni San blanga God.
Det Holi Spirit bin kaman,
  en jidan langa Meri
  en bambai Jisas bin bon.
Afta na, Panshas Pailat bin kotim im,
  en deibin neilimap Jisas langa det kros,
  en deya na imbin dai.
En afta, deibin pudum im langa det greibyad,
  weya ola dedbala pipul jidan.
Thrideistaim Jisas bin gidap laibala brom dedbala,
  en imin gobek langa hebin,
  weya im jidan raidensaid langa Dedi God.
Brom deya im garra kotim ebribodi;
  laibalawan pipul en ol detlot pipul hubin dai du.

Ai bilib langa det Holi Spirit.
En ai bilib God bin meigim Kristjan pipul
  jidan wan tjetj.
Ai bilib God na larramgo wi fri
  brom wi nogudbalawei.
En ai bilib God garra meigim pipul
  gidap laibala brom dedbala,
  en wi garra jidan laibala olagijawan.
Trubala!

19

TAIM BLANGA PREYA

16.   *Det lida gin pikimat sambala brom dislot blanga stat dijan preya taim:*

God, yubin shoum pipul yu haibala pawa
    deya langa skai,
**en yu larram pipul luk yu brabli shainiwan lait
    ebriweya langa dijan wel.**   *(Saam 108:5)*

Melabat askim yu Dedi,
    blanga lukaftumbat ebribodi langa dijan kantri,
**en shoum ebribodi det brabli gudbala
    en trubala wei blanga jidan.**

Melabat wandim ola pipul langa ebri kantri
    garra sabi wanim yu wandim olabat blanga dum,
**en sabi yu na garram det pawa
    blanga seibum olabat.**   *(Saam 67:2)*

Yu jidan kainbala langa ola powan pipul
    en langa detlot pipul hu abumbat adtaim,
en yu irrim olabat wen dei jingat langa yu.

Yu irrim melabat preya na, Dedi God,
dumaji melabat oldei trastimbat yu.

17.   *Det tjetj lida garra prei. If im wandim, im gin askim najalot pipul blanga preya du.*

Wi garra prei blanga dijan wel en blanga wi tjetj
Melabat prei:

... blanga ola tjetj en tjetj lidamob ebriweya...
... blanga ola gabman bos en odinri bos ebriweya...

... blanga wi ronwan pipul olabat en dijan komyuniti...
... blanga ola sikbala pipul...
... blanga ola enibodi hu wandim speshalwan preya...

Afta ebri preya, tok:

Irrim melabat preya, Dedi God,
dumaji melabat trastimbat yu.

O

Dedi God, irrim dijan preya blanga melabat,
langa Jisas neim.

18. Wen det preya taim garra binij, det lida garra tok:

Wi garra prei mijamet na
det preya weya Jisas bin titjim im wekinmen olabat:

Dedi langa hebin,
 yu neim im brabli haibala,
 en melabat nomo wandim enibodi garra
  yusum yu neim nogudbalawei.

Melabat wandim yu garra kaman
 en jidan Bos langa melabat,
 en melabat wandim ola pipul iya langa ebri kantri
  garra irrim yu wed en teiknodis langa yu
   seimwei laik olabat dum deya langa hebin.

Melabat askim yu blanga gibit melabat daga
 blanga dagat tudei.
Melabat larramgo fri detlot pipul
 hu dumbat nogudbala ting langa melabat,
 en melabat askim yu blanga larramgo melabat
  fri du.

21

Melabat askim yu nomo blanga larram enijing testimbat melabat brabli adbalawei, en yu nomo larram Seitin deigidawei melabat brom yu.

Ol detlot ting na melabat askim yu Dedi, dumaji yu na Bos blanga ebrijing en yu garram detmatj pawa en yu na haibalawan garram det shainiwan lait tudei en olagijawan.

Trubala!

19.   Sing song. 🎵🎵🎵

Maitbi abum kolekshan iya blanga larram pipul gibit mani langa tjetj.

JANDIMWEI PIPUL BLANGA GOD

20.   Det lida garra gibit theingks blanga ola ofring weya pipul bin gibit langa God.

Sambala pipul gibit olabat taim, en sambala gibit olabat mani langa God thru dijan tjetj. Blanga tharran na, wi garra gibit theingks langa Yawei.

Dedi God,
   yu Bos blanga dijan wel holbit,
   en ola gudbala ting weya melabat garram,
   bin kaman brom yu na.

Album melabat blanga abum taim blanga yu,
en yusum melabat mani en ebrijing gudwei,
dumaji yu na det brabli haibala God,
hu jidan olagijawan.

21. Det lida garra kipgon preipreibat:

Jisas, yu jandimwei melabat brom iya na
   garram det pawa brom yu Holi Spirit.
Album melabat bulurrum yu brabliwei
   en wek blanga yu,
   dumaji melabat wandim ebribodi garra sabi yu
      en preisim yu neim.

22. Ebribodi garra tok mijamet:

Dedi God, melabat gibit miselp langa yu
   jis laiga laibalawan sekrifais,
   dumaji Jisas Krais det Boswan bin dai blanga
      melabat. Amin.

23. Maitbi laswan song. ♫♫♫

24. Det lida garra tok dijan wed:

Wi gowei brom iya gudbinjiwei na,
   dumaji wi sabi God laigim wi,
   en wi sabi im San Jisas Krais laigim wi du.
Yuwai.
Wi gowei brom iya gudbinjiwei na,
   dumaji Jisas Krais im iya garram wi.

Holi Komyunyan Sebis

Holi Komyunyan Sebis

Dijan sebis mas garra abum pris.

Langa dijan sebis, if det redwan raiting tok 'lida', det dikin o eni tjetj lida gin dum, bat wen det raiting tok 'pris', oni det pris gin dum det pat.

MAJURRUMAP PIPUL BLANGA GOD

1.   Det lida garra tok:

Det Bos, im iya garram wi.
Yuwai, im iya garram wi.

Oni langa Istataim:

Krais bin gidap laibala.
Trubala! Imbin gidap laibala.

Wi majurrumap miselp iya langa Yawei det trubala God!

2.   Sing sambala song blanga preisim God. ♫♫♫

3.   Det dikin o lida garra tok dijan bes, o najawan bes brom Baibul:

Jisas Krais, det Bos blanga wi, bin gibit wi dubala brabli haiwan lowa.

'Det brabli haiwan lowa im dijan. 'Ol yumob pipul langa Isreil, yumob irrim na. Nobodi bos. Oni God im brabli boswan, en yu garra laigim im brabliwei. Yu garra gibit miselp laif langa im. Holbit yu garra gibit miselp langa im, en yu garra abum filing oni blanga im, en yu garra jinggabat im oldei langa yu main en dum adwek blanga im.' En det sekanwan haibala lowa im tok, 'Yu garra laigim ola najalot pipul brabliwei jis laik yu laigim yuselp.' Yu kaan faindim eni lowa haibala langa dijan dubala lowa.'

(Mak 12:29b–31)

27

Wal God im sabi wi insaidwei,
  en im sabi wi nomo bin bulurrum im brabliwei.
Bat God im brabli kainbala, en im brabli gudbala,
  en im oldei wandim larramgo wi fri.

Blanga tharran na wi garra prei mijamet na, en tok
sori langa im:

Dedi God, yu na det brabli kainbalawan.
Yubin meigim melabat,
  en yu garra kotim melabat bambai.
Melabat bin dum nogudbala ting langa yu,
  hau melabat jinggabat en tok
  en wanim melabat bin dum.
En melabat nomo bin dum
  wanim yubin wandim melabat blanga dum.

Melabat nomo bin laigim yu brabliwei garram
  melabat laif holbit.
Melabat nomo bin laigim ola najalot pipul laik
  melabat laigim miselp.

Melabat sori blanga detlot nogudbalawei blanga
    melabat,
  en melabat kaan jinggabat detkain eni mowa.

Dedi, larramgo melabat fri.
Meigim melabat strongbala blanga laigim yu
  en blanga dum wanim yu wandim melabat
    blanga dum langa det nyubalawei,
  thru Jisas Krais,
  det Bos blanga melabat. Amin.

4.   Det pris garra jandap blanga tok:

Yawei,
  oni im na det trubala God
  weya garram ola pawa,
en im pramis blanga larramgo fri
  detlot pipul hu bilib langa im.
Im larramgo yu fri brom yu nogudbalawei
  en im na garra meigim yu jidan strongbala
    en gibit yu det olagijawan laif. Amin.

WED BLANGA GOD

*5.   Maitbi det lida garra tok det preya blanga det dei,
o speshalwan preya blanga speshalwan taim, laik Ista o
Krismas (peij 126-128). Maitbi biginini taim garra stat na.*

6.   Sambodi garra ridimat stori brom det Holi Baibul.

*Wen det riding im gudnyus stori brom
Methyu, Mak, Luk o Jon, det rida garra tok:*

  Ebribodi garra jandap blanga irrim det gudnyus.

  Afta ebri riding, det rida gin tok:
  Irrim det wed blanga wi God.
  Wi gibit theingks langa im.

7.   Det lida garra tok det mesij brom detlot Baibul riding iya.

8.   Sing song. 🎵🎵🎵

9.   Ebribodi garra jandap blanga det Krid.

Wi garra tok mijamet wanim wi bilib:

Wi bilib langa wanbala God,
   im na det Dedi, weya garram ola pawa.
  Imbin meigim hebin, en dijan graun.
  Imbin meigim ebrijing weya wi gin luk
   en ebrijing weya wi kaan luk du.

Wi bilib langa wanbala Bos, Jisas Krais.
  Im na det oni San blanga God.
  Bifo enijing bin jidan,
   imbin jidan garram Dedi God,
   en im kipgon jidan olagijawan.
  God brom God, Lait brom Lait
   trubala God brom trubala God.
  Imbin deya garram Dedi God, olataim.
  Imbin oldei det San blanga God;
   God nomo bin meigim im.
  Dumaji im God, seim laik im Dedi.
  En thru det San na, Dedi God bin meigim ebrijing.

  Imbin kamdan brom hebin
   blanga jidan garram wi, en blanga seibum wi.
  Blanga tharran na det Holi Spirit bin kaman
   en jidan langa Meri
   en bambai Jisas bin bon.
  Blanga wi na,
   Jisas bin gibit miselp blanga go thru
    langa det trabul:
   wen Panshas Pailat bin det lida,
   deibim neilimap Jisas langa det kros.
  Deya na imbin dai
   en afta, deibin pudum im langa det greib.

Thrideistaim Jisas bin gidap laibala
   laik ola speshalwan mesinja blanga God
      bin tok longtaim;
   en imbin gowap langa hebin
      weya im jidan raitensaid langa Dedi God.
Im garra kambek igin
   garram im shainiwan lait en detmatj pawa,
      blanga kotim ebribodi;
   detlot pipul hu jidan laibala,
      en detlot pipul hubin dai du.
En afta, Jisas garra jidan Bos, olagijawan!

Wi bilib langa det Holi Spirit,
   det Bos, weya gibit wi laif,
   hubin kaman brom det Dedi en det San.
   Garram det Dedi en det San,
      wi garra weship
         en libdimap im neim brabli haibala.
   Det Holi Spirit bin tok thru langa detlot
      speshalwan mesinja brom God.

Wi bilib God bin meigim Kristjan pipul
   jidan wanbala nyukurrwan tjetj olagijawan,
      hubin kaman brom detlot aposul.
Wi bulurrum oni wanbala beptisim
   weya God larramgo fri detlot pipul brom olabat
      nogudbalawei.
Wi weidabat blanga det taim wen God garra
      meigim pipul gidap laibala brom dedbala
   en wen wi garra jidan olagijawan
      langa det nyubala hom weya kaan neba binij.
Trubala.

10.   Maitbi sing song. ♪♪♪

TAIM BLANGA PREYA

11.   Det pris o tjetj lida garra prei. If im wandim, im gin askim najalot pipul blanga prei du.

Wi garra prei blanga dijan wel en blanga wi tjetj. Melabat prei:

... blanga Australia en ola difrinwan kantri en ola gabman en odinri bos ebriweya...

... blanga ola tjetj en tjetj lidamob ebriweya...

... blanga ola sikbala pipul, en enibodi hu abum enikain trabul...

... blanga gibit theingks blanga ola Kristjan pipul hubin shoum wi det gudbalawei basdam...

Afta ebri preya, det lida gin tok:

Dedi God, yu irrim melabat preya,
langa Jisas neim.

Wen det preya taim garra binij, ebribodi garra prei:

**Dedi langa hebin,
  yu neim im brabli haibala,
  en melabat nomo wandim enibodi garra
    yusum yu neim nogudbalawei.**

**Melabat wandim yu garra kaman
  en jidan Bos langa melabat,
  en melabat wandim ola pipul iya langa ebri kantri**

garra irrim yu wed en teiknodis langa yu
seimwei laik olabat dum deya langa hebin.

Melabat askim yu blanga gibit melabat daga
blanga dagat tudei.

Melabat larramgo fri detlot pipul
hu dumbat nogudbala ting langa melabat,
en melabat askim yu blanga larramgo melabat
fri du.

Melabat askim yu nomo blanga larram enijing
testimbat melabat brabli adbalawei,
en yu nomo larram Seitin deigidawei melabat
brom yu.

Ol detlot ting na melabat askim yu Dedi,
dumaji yu na Bos blanga ebrijing
en yu garram detmatj pawa
en yu na haibalawan garram det shainiwan lait
tudei en olagijawan.
Trubala!

WI MEIGIM MISELP REDI
BLANGA HOLI KOMYUNYAN

12.   *Det lida garra tok:*

Jisas bin tok: 'God bin laigim ebribodi detmatj,
en imbin jandim im ronwan san blanga dai blanga
olabat, wulijim ebribodi hu bilib langa im garra
abum det olagijawan laif en nomo dai.'   *(Jon 3:16)*

33

Ebribodi garra jandap blanga tok gudbinjiwei:

Wi na det bodi blanga Krais!
Im Holi Spirit jidan garram wi!

Det brabli kainbalawei en det brabli gudbalawei
blanga God jidan garram wi.
Yuwai, im jidan garram wi.

Ebribodi garra wokaran en tok gija:

God im gudbinji langa yu.
Yuwai langa yu du.

13.   Sing song. ♫♫♫

*Maitbi abum kolekshan iya blanga larram pipul gibit mani
langa tjetj.*

Det pris garra meigim det komyunyan daga redi.

14.   Afta det song, maitbi det lida garra tok:

Sambala pipul gibit olabat taim, en sambala gibit
olabat mani langa God thru dijan tjetj. Wi garra gibit
theingks langa Yawei blanga ol detlot ting weya
olabat gibit.

*15.   Det lida o pris garra prei blanga ola ting weya pipul bin
gibit:*

Nyukurrwan God,
   yubin meigim ebrijing,
   dumaji yu brabli gudbala langa melabat.
Deigim en yusum melabat ofring blanga yu plen.
Nyukurrwan God, yu jidan olagijawan. Amin.

34

DET BRABLI BIGISWAN THEINGKS

16. Det pris garra tok:

Det Bos, im iya garram wi.
Yuwai, im iya garram wi.

Wi garra libdimap wi hat en luk langa top langa im.
Yuwai, wi garra luk langa im!

Wi garra gibit theingks langa Yawei det trubala God!
**Yuwai, wi garra gibit im bigiswan theingks
  en preis!**

Dedi langa Top,
  melabat gibit yu theingks en preis,
  dumaji oni yu na det trubalawan God.
Yu jidan haibala garram ola pawa,
  en yu jidan kainbala du.

Yubin meigim ebrijing,
  en seimtaim yubin meigim melabat du.

Yawei, yu na det trubalawan God.
**Yuwai, melabat gibit yu bigiswan theingks
  en preis!**

Melabat gibit preis langa yu,
  dumaji wen melabat bin gowei brom yu,
  yubin jandim Jisas
    blanga shoum melabat hau blanga laigim yu.

Jisas bin dai blanga melabat
   bat im nomo bin dai olagijawan
      dumaji im na det Bos blanga laif.

Wen imbin dai langa det kros,
   imbin meigim ebribodi fri brom olabat
      nogudbalawei.
Wen imbin gidap laibala,
   imbin gibit melabat det nyuwan laif.

Yawei, yu na det trubalawan God.
**Yuwai, melabat gibit yu bigiswan theingks
   en preis!**

Ola einjulmob preisim yu,
   garram ola bilibamob brom longtaim,
   en melabat wandi preisim yu du!

Ebribodi garra prei:

Holi, holi, holi!
Yu na det Boswan God.
Yu garram mowa pawa
   langa enijing langa dijan wel.
Oni yu na det Haibala Bos
   garram det shainiwan lait!

Melabat gibit yu theingks,
   dumaji yubin gibit melabat dislot speshalwan
      daga en wain.
Album melabat dagat dijan daga
   en dringgim dijan wain

garram det pawa blanga yu Holi Spirit,
en blanga dagat insaidwei
blanga jinggabat Jisas bodi en blad.

17.   *Det pris garra kipgon:*

Langa det nait bifo imbin dai,
Jisas bin dagadagat daga
garram im wekinmen olabat.

Jisas bin gajim det daga,
en imbin gibit theingks,
en imbin breigim det daga,
en imbin gibit langa olabat,
en imbin tok:

'Dijan na main ronwan bodi
weya ai gibit blanga yumob.
Wal yumob garra dagat dijan daga
blanga jinggabat mi.'

Afta olabat bin dagat det daga,
imbin gajim det kap
en imbin gibit theingks.
Jisas bin gibit olabat det kap en imbin tok,

'Dijan wain im det nyubalawei blanga God.
Ai garra spilim main ronwan blad blanga yumob
blanga opinimap det nyubalawei blanga God.
En ebritaim wen yumob dringgim dijan wain,
yumob garra dringgim blanga jinggabat mi.'

Blanga tharran na,
  melabat dum wanim Jisas bin dalim melabat
    blanga dum.
Melabat jinggabat det wanbala brabli gudwan ofring
  weya imbin meigim blanga larramgo melabat fri
    brom ol detlot nogudbala ting
      weya melabat bin dumbat,
  en nomo oni melabat,
  bat ol detlot nogudbala ting weya ebribodi
    bin oldei dumbat holot.

Blanga tharran na, ebribodi garra tok:
Jisas bin dai
Jisas bin gidap laibala
Jisas garra kambek igin.

Dedi, yu bilimap melabat garram yu Holi Spirit.
Album melabat blanga bulurrum Jisas,
  langa ebrijing weya melabat dum en tok,
  dumaji melabat wandim ebribodi
    blanga jidan gudbalawei blanga yu
      langa dijan wel weya yu bin meigim.
Yu irrim melabat preya, thru langa Jisas Krais,
  det Bos blanga melabat:

Ebribodi garra prei mijamet:

Nyukurrwan God,
  melabat gibit theingks langa yu,
  melabat preisim yu,
  en melabat lukbek langa yu.
Yu na haibala en strongbala olagija. Amin.

18. *Det pris garra breigim det daga na.*

Nomeda wi bigmob,
  bat stil wi jidan wanbala bodi.
Dumaji wi ol dagat det seimwan daga.

Kaman en dagat dijan nyukurrwan daga
    det bodi en det blad blanga Jisas Krais
      garram theingks en preis.
En jinggabat hau imbin dai blanga wi.

19. *Ola pipul garra jandap blanga dagat det daga.*

Wen det pris o lida gibit det nyukurrwan daga en wain im
garra tok:

Det bodi blanga Jisas Krais
  gibit yu olagijawan laif.
Dagat dis daga blanga jinggabat Jisas
  weya imbin dai blanga yu. **Amin.**

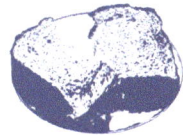

Det blad blanga Jisas Krais
  gibit yu olagijawan laif.
Dringgim dis wain blanga jinggabat Jisas
  weya imbin weistim im blad blanga yu. **Amin.**

39

JANDIMWEI PIPUL BLANGA GOD

20. *Afta na, det pris garra tok:*

Wi gibit theingks blanga det speshalwan daga en
wain weya wibin dagat:

Dedi God,
   yubin gibit melabat det nyukurrwan daga en wain:
   det bodi en blad blanga melabat Bos en Seibya,
      Jisas Krais.

Melabat gibit theingks langa yu
   dumaji yubin meigim melabat jinggabat
      det gudbalawei weya yubin laigim melabat
   en hau melabat jidan wanbala bodi
      blanga Jisas Krais.

21. *Ebribodi garra tok mijamet:*

Dedi God,
   melabat gibit miselp langa yu
      jis laiga laibalawan sekrifais ofring,
   dumaji Jisas Krais det Boswan bin dai blanga
      melabat.
Bos, yu jandimwei melabat brom iya
   garram det pawa brom yu Holi Spirit.
Album melabat blanga bulurrum yu brabliwei
   en wek blanga yu,
      dumaji melabat wandim ebribodi
         garra sabi yu en preisim yu neim.
Amin.

22. Sing song. ♫♫♫

23. Det pris garra tok dijan, o eni gudwan wed brom Baibul:

Yawei, det trubala God weya garram ola pawa,
   im jidan garram yumob.
Im meigim yumob jidan gudbinjiwei
   dumaji yumob sabi God
   en im san Jisas Krais brabliwei du.
En det wanbala God,
   hu Dedi, en San, en Holi Spirit,
   jidan garram yumob olagijawan.
Amin.

24. Det dikin o lida tok:

Wi gowei brom iya gudbinjiwei na,
   dumaji wi sabi God laigim wi,
   en wi sabi im San Jisas Krais laigim wi du.
Yuwai. Wi gowei brom iya gudbinjiwei na,
   dumaji Jisas Krais im jidan garram wi.

Afta ola pipul bin dagat det nyukurrwan daga, det dikin o pris
garra dagat eni leftoba daga en klinimap det kap en pleit.

Sebis blanga Beptais

Sebis blanga Beptais

Dijan sebis mas garra abum pris.

Langa dijan sebis, if det redwan raiting tok 'lida', eni tjetj lida gin dum, bat wen det raiting tok 'pris', oni det pris gin dum det pat. If tjetj nomo garram pris, detlot tjetj lidamob garra askim daiyosis blanga album olabat beptais.

Langa dijan sebis, wen yu luk skweya brekit laik [neim], o [olabat] im min det lida garra jinggabat det wed en tok raitwei. Maitbi im gin yusum det neim blanga det sambodi, o im gin tok 'yu', o wen bigmob beptais im garra tok 'yumob' o 'olabat'.

BIFO SEBIS

Ebribodi hu wandim beptais garra jidan garram tjetj lida en len wanim Kristjan pipul bilib.

Detmob hu wandim beptais garra len blanga det Krid, en blanga God Iowa, en blanga hau dei garra bulurrum Jisas brabliwei.

Pipul gin oni beptais wanbala taim. Bifo enibodi garra beptais, det pris garra askim olabat if dei bin beptais bifo garram woda en langa det neim blanga Dedi God, en blanga im San, en blanga im Holi Spirit. If eni kwestjan jidan blanga tharran, en if det sambodi nomo sabi if deibin beptais bifo wal langa dijan sebis, det pris garra tok 'If yu nomo bin beptais bifo, mi beptais yu langa det neim...'

Blanga Biginini

Wen biginini garra beptais, olabat mas garra abum Kristjan sponsamob blanga bringimap olabat. Det sponsamob garra go langa tjetj lidamob seimwei laik ola najalot pipul hu garra beptais. Det sponsamob garra meigim pramis langa det sebis, blanga album en dalim det biginini hau blanga bulurrum Jisas. Maitbi det mami o dedi gin jidan sponsa, o maitbi dubala o thribala Kristjan pipul gin dum lagijat blanga eni biginini hu wandim beptais. If sambodi nomo oldei jidan Kristjan brabliwei, wal olabat kaan jidan sponsa blanga biginini, dumaji det wek blanga sponsa, im blanga growimap det biginini blanga bulurrum Jisas brabliwei.

Langa dijan sebis det pat blanga biginini jidan insaid boks jis laik dislot wed iya.

MAJURRUMAP PIPUL BLANGA GOD

1. *Det lida garra tok:*

Jisas Krais, im iya garram wi.
Yuwai, im iya garram wi.

Oni langa Istataim:

Krais bin gidap laibala.
Trubala! Imbin gidap laibala.

Wi majurrumap miselp iya langa Yawei det trubala God!

2. *Sing sambala song blanga preisim God.* ♫♫♫

3. *Det lida garra ridimat wanbala wed brom dislot or najawan Baibul bes (wen biginini garra beptais, det lida gin yusum Mak 10:14)*

Langa Jon, Jisas bin tok:
   Trubala ai dalim yu. Nobodi kaan jidan garram God. Oni detlot pipul hubin bon garram woda en garram det Holi Spirit gin jidan garram God.

(Jon 3:5)

O,

Langa Methyu Jisas bin tok:
   Yumob garra go langa ebri kantri, en yumob garra dalimbat ola pipul hu mi, en yumob garra meigimbat olabat jidan wekinmen blanga mi, en yumob garra beptaisimbat olabat langa det neim blanga God det dedi en langa det San en langa det Holi Spirit.

(Methyu 28:19)

O, wen biginini garra beptais:

'Yumob nomo andimwei ol detlot biginini. Yumob larram olabat kaman iya langa mi, dumaji ola pipul hu meigim miselp lobala jis laik dislot biginini garra jidan garram God. Yumob lisin langa mi na. If yu wandi jidan garram God, wal yu garra trastim im jis laik biginini trastim im mami en dedi. If yu nomo trastim God lagijat, wal yu kaan go en jidan garram im.' Lagijat na Jisas bin tok.

(Mak 10:14-15)

4.   *Det lida garra tok:*

Baba Jisas bin gibit wi det presen blanga beptais.
Wen imbin gidap laibala brom dedbala,
   imbin dalim im wekinmen olabat
      blanga go langa ebri kantri,
         en dalimbat ola pipul hu Jisas
            en meigimbat olabat jidan wekinmen blanga im
               en beptaisimbat olabat langa det neim
      blanga God det Dedi en det San en det Holi Spirit.

Wibin kaman mijamet iya tudei
   blanga dum wanim Jisas dalim wi blanga dum.
Wen enibodi beptais garram det woda,
   tharran na sain weya Jisas klinim wi insaidwei
      brom wi nogudbalawei.
Dumaji imbin dai blanga wi,
   God na klinim wi
      en im gibit wi det nyuwan laif thru det Holi Spirit.

47

Wen sambodi beptais,
im det sain weya God pudum im bren langa wi
blanga ol detlot pramis weya God bin meigim.
En wen sambodi beptais im joinap garram Jisas Krais
en garram ol detlot pipul hu bulurrum im,
en wi jidan wan bodi garram im,
en garram det tjetj ebriweya langa dijan wel.

Wal, wi welkam detlot hu garra beptais.
en olabat femilimob.
Melabat gibit theingks langa God
blanga yumob en askim God
blanga jidan kainbala langa yumob,
en meigim yumob sabi im brabliwei olagijawan.

5.   *Det lida garra tok dijan bes, o najawan bes brom Baibul:*

Jisas Krais, det Bos blanga wi, bin gibit wi dubala brabli haiwan lowa.

'Det brabli haiwan lowa im dijan. 'Ol yumob pipul langa Isreil, yumob irrim na. Nobodi bos. Oni God im brabli boswan, en yu garra laigim im brabliwei. Yu garra gibit miselp laif langa im. Holbit yu garra gibit miselp langa im, en yu garra abum filing oni blanga im, en yu garra jinggabat im oldei langa yu main en dum adwek blanga im.' En det sekanwan haibala lowa im tok, 'Yu garra laigim ola najalot pipul brabliwei jis laik yu laigim yuselp.' Yu kaan faindim eni lowa haibala langa dijan dubala lowa.'

(Mak 12:29b–31)

Wal God im sabi wi insaidwei,
   en im sabi wi nomo bulurrum im brabliwei.
Bat God im brabli kainbala, en im brabli gudbala,
   en im oldei wandim larramgo wi fri.

Blanga tharran na wi garra prei mijamet na, en tok
sori langa im:
Dedi God, yu na det brabli kainbalawan.
Yubin meigim melabat,
   en yu garra kotim melabat bambai.
Melabat bin dum nogudbala ting langa yu,
   hau melabat jinggabat en tok
   en wanim melabat bin dum.
En melabat nomo bin dum
   wanim yubin wandim melabat blanga dum.
Melabat nomo bin laigim yu brabliwei garram
   melabat laif holbit.
Melabat nomo bin laigim ola najalot pipul laik
   melabat laigim miselp.

Melabat sori blanga detlot nogudbalawei
      blanga melabat,
   en melabat kaan jinggabat detkain eni mowa.
Dedi, larramgo melabat fri.
Meigim melabat strongbala blanga laigim yu
   en blanga dum wanim yu wandim melabat
      blanga dum langa det nyubalawei,
   thru Jisas Krais,
      det Bos blanga melabat.
Amin.

6.   *Det pris garra jandap blanga tok:*

Yawei,
   oni im na det trubala God
     weya garram ola pawa,
   en im pramis blanga larramgo fri
     detlot pipul hu bilib langa im.
Im larramgo yu fri brom det nogudbalawei.
En im na garra meigim yu jidan strongbala
   en gibit yu det olagijawan laif. **Amin**.

WED BLANGA GOD

7.   Sambodi garra ridimat stori brom det Holi Baibul.

Dijan Baibul pat im gudwan blanga Sebis blanga Beptais:
Jenasis 9:1-17; Eksadas 14:19–31; Isikiyel 36:25–28;
Eks 2:37-42; Romans 6:1-11; Methyu 28:18-20;
Mak 1:1-11; Jon 3:1–8; Galeishans 3:23-29.

Afta ebri riding, det rida gin tok:
Irrim det wed blanga wi God.
Wi gibit theingks langa im.

8.   Det lida garra tok det mesij brom detlot Baibul riding iya.

9.   Maitbi sing song. ♫♫♫

50

TAIM BLANGA MEIGIM PRAMIS

10. Det pris garra tok.

Wal [*yumob*] hu garra beptais, yu kaman iya na.

Det lida garra bringimap detlot pipul hu wandi beptais langa pris, en det lida gibit neim blanga detlot pipul wanbala wanbala. Im tok:

> Iya na [*neim*], hu wandim beptais.

11. Maitbi detlot hu wandi beptais garra tok wanbala wanbala blanga hau olabat gibit olabat laif langa Dedi God.

12. If biginini garra beptais, det pris garra tok:

Ai garra tok na langa detlot Kristjan pipul
   hubin bringimap biginini iya blanga beptais.

Yumob na detlot sponsa
   blanga det biginini yubin bringimap.
Yumob sponsa garra tok iya
   hau yu trastimbat God
     en ol detlot pramis blanga im.
Dumaji yu garra meigim strongbala pramis
   blanga albumbat en dalimbat det biginini hau
     blanga bulurrum Jisas,
   en deigim im langa tjetj.

Wi beptaisim biginini
   dumaji God im laigim wi detmatj,
   en dumaji wi wandim [*dis / dislot*] biginini
     blanga growap Kristjanwei.

Bambai, wen det biginini im bigwan,
   im mas garra tok miselp hau im trastimbat God.
Wen im gin dum lagijat,
   wal im redi blanga konfem.

13. Det sponsamob garra bringimap detlot biginini hu
garra beptais langa pris, en det sponsamob gibit neim
blanga detlot biginini wanbala wanbala. Olabat tok:

   Iya na [*neim*], hu garra beptais.

14. En afta, det pris garra tok langa ola sponsamob:
Mi askim yumob sponsamob na,
   yu bulurrum Jisas Krais,
   en yubin oldei joinap garram im tjetj
   en yu bilib trubalawei det pramis blanga God?
Yuwai, mi oldei bilib en bulurrum Jisas Krais.

Yu gudbinji blanga jidan sponsa langa dijan
biginini?
Yu garra ensa blanga im,
   trubala yu garra maindim im
      en growimap im blanga Kristjanwei,
   dumaji yu tok blanga im?
Yuwai, ai garra dum.

Wal mi askim yu na,
   blanga tok blanga dijan biginini weya
      yubin bringimap:

DETLOT PRAMIS

Enibodi hu wandim beptais
  garra jandap lida langa God en langa ola pipul,
  en im garra tok im garra bulurrum Jisas Krais
    trubalawei,
  en im garra tok im garra libum det nogudbalawei
    olagijawan.

Wal mi askim yu na.
Yu gibit miselp langa Jisas Krais
  blanga bulurrum im trubalawei?
Yuwai, mi gibit miselp langa Jisas Krais.

Yu sori blanga ola nogudbala ting weya yubin dumbat
  en yu wandi libum det nogudbalawei?
Yuwai, mi sori en ai garra libum holot.

Yu garra gibit bekbon langa det dibuldibul
  en det nogudbalawei?
Yuwai, ai garra gibit bekbon holot.

16. Det pris garra askim dislot kwestjan en ola Kristjan pipul
deya la tjetj gin tok mijamet garram detlot hu garra beptais
blanga det ensa:

Yu bilib langa God det Dedi?
Yuwai, ai bilib langa Yawei,
  hu garram ola pawa,
  en im na bin meigim ebrijing
  langa hebin en iya langa graun.

Yu bilib langa God det San?
**Yuwai, ai bilib langa Jisas Krais,
    det oni San blanga God.
Det Holi Spirit bin kaman,
    en jidan langa Meri
    en bambai Jisas bin bon.
Afta na, Panshas Pailat bin kotim im,
    en deibin neilimap Jisas langa det kros,
    en deya na imbin dai.
En afta, deibin pudum im langa det greibyad,
    weya ola dedbala pipul jidan.
Thrideistaim Jisas bin gidap laibala brom dedbala,
    en imin gobek langa hebin,
    weya im jidan raidensaid langa Dedi God.
Brom deya im garra kotim ebribodi;
    laibalawan pipul en ol detlot pipul hubin dai du.**

Yu bilib langa God det Holi Spirit?
**Yuwai, ai bilib langa det Holi Spirit.
En ai bilib God bin meigim Kristjan pipul
    jidan wan tjetj.
Ai bilib God na larramgo wi fri
    brom wi nogudbalawei.
En ai bilib God garra meigim pipul
    gidap laibala brom dedbala,
    en wi garra jidan laibala olagijawan.
Trubala!**

Yu wandim kipum det gudbala lowa blanga wi Dedi
en teiknodis langa im raidap yu garra dai?
Yuwai, en mi askim God blanga album mi.

17.   *Det pris garra tok langa tjetjmob.*

Wal, yumob bin irrim [*wi braja en sista*]
meigim pramis langa God en ola pipul.
Yumob garra album [*olabat*] kipgon trubalawei?
Yuwai, melabat garra album olabat.

18.   *Maitbi sing song.* ♫♫♫

TAIM BLANGA BEPTAIS

19.   *Det pris garra go langa det pleis weya woda jidan, en afta im garra tok:*

Wi garra gibit theingks langa Yawei det trubala God
blanga wi!
Yuwai, wi gibit im bigiswan theingks en preis!

Dedi la top,
melabat gibit yu bigiswan theingks blanga dis wel,
weya nomo enijing bin jidan,
bat yu Holi Spirit bin jidan.
En imbin mubabat ontop langa det woda
en imbin gibit lait
en imbin gibit laif.
Garram woda, yu klinimap dijan graun
en album ebrijing kipgon laibalawan.

Yawei, yu na det trubala God blanga melabat.
**Yuwai, melabat gibit yu bigiswan theingks
  en preis!**

En melabat gibit langa yu theingks
  blanga wanim yubin dum,
  langa det woda gulum Redsi.
Yubin deigimat yu pipul olabat
  brom det adwan wek
    weya deibin oldei dumbat en jidan prisana.
En deya na yubin gibit olabat det nyuwan laif
  weya yubin pramisim olabat.

Yawei, yu na det trubala God blanga melabat.
**Yuwai, melabat gibit yu bigiswan theingks
  en preis!**

Melabat gibit yu theingks blanga yu San Jisas Krais
  weya Jon bin beptaisim im
  en weya det Holi Spirit bin kamdan langa im.

Yawei, yu na det trubala God blanga melabat.
**Yuwai, melabat gibit yu bigiswan theingks
  en preis!**

Melabat gibit yu theingks, dumaji,
  thru det dipwan woda blanga deth
  Jisas bin larramgo melabat fri
  brom det nogudbalawei,
  dumaji imbin gidap laibala brom dedbala.
En Jisas na jidan laibala olagijawan.

Yawei, yu na det trubala God blanga melabat.
Yuwai, melabat gibit yu bigiswan theingks en preis!

Dedi God,
  melabat gibit yu theingks
    blanga det gudbalawei blanga det Holi Spirit
    hubin meigim melabat jidan seimwei
      laik Jisas Krais
    en hu lidim melabat blanga dalimbat det
      nyubalawei blanga yu.

Yawei, yu na det trubala God blanga melabat.
**Yuwai, melabat gibit yu bigiswan theingks
  en preis!**

En iya na,
  melabat gibit yu bigiswan theingks Dedi God,
  dumaji yubin pikimat [*dislot*]
    blanga dijan nyubala laif langa yu tjetj
      thru det woda blanga beptais.

Dedi la top, irrim melabat preya
  en meigim dijan woda nyukurrwan,
  wulijim [*olabat*] hu garra beptais langa dijan woda
    garra joinap garram Jisas Krais;
  wulijim [*olabat*] dai garram im
    en gidap laibala mijamet garram im du.

Kainbala God,
melabat askim yu blanga gaburrumap
garram Jisas Krais na
ola nogudbala ting blanga [*olabat*]
wen dei beptais,
wulijim det nyubalawei blanga yu
garra bilimap [*olabat*] insaidwei,
dumaji [*olabat*] garra gibit miselp laif holbit
langa yu na.
Larram det Holi Spirit kaman
en jidan insaid langa [*olabat*]
en meigim [*olabat*] jidan brabliwei.
Trubala.   *(preya brom Romans 6)*

20.   Det pris garra jingat langa [olabat] en dei garra kaman gulijap langa det woda blanga beptais na. Im rait, nomeda if det pris garra spilim woda langa det gabarra brom dish, o if im go langa det solwoda, o la bilibong o riba.

[*Neim*], mi beptais yu
langa det neim blanga God;
det Dedi, det San, en det Holi Spirit.   **Trubala.**

21.   Det pris garra pudum mak blanga det kros langa [olabat] gabarra en kipgon tok:

[*Neim*], dijan det mak blanga det kros
blanga shoum yu garra jidan trubalawei
langa Jisas Krais hubin dai blanga wi,
en hu jidan olagijawan.
Yu kaan sheim blanga dalim enibodi yu bilib langa im.
Trubala.

AFTA BEPTAIS

22.   Det pris garra tok langa detlot hubin beptais:

Jidan wekinmen langa Jisas Krais:
  fait det gudwan fait,
  kipgon en nomo gibap,
  kipgon trastimbat Jisas olagijawan,
  en dalim pipul ebriweya wanim wi bilib.

God bin deigim yu
  brom det dakbala pleis
    langa im brabli shainiwan lait.

Ola tjetjmob garra joinap garra det pris en tok mijamet:

Yu garra shain garram det lait
  langa dijan kantri
    blanga wi Dedi God.

God bin pikimat yu blanga jidan wan bodi garram
  ola bilibamob.
Yumob na jidan biginini blanga Dedi la top.
Yuwai, en wi holot baba gija,
  blanga Jisas Krais.

Ebribodi garra gudbinji blanga tharran (maitbi klep).

23. Ebribodi garra jandap blanga tok gudbinjiwei:

Wi na det bodi blanga Krais!
Im Holi Spirit jidan garram wi!

Det brabli kainbalawei en det brabli gudbalawei
   blanga God jidan garram wi.
Yuwai, im jidan garram wi.

Ebribodi garra wokaran en tok gija:

God im gudbinji langa yu.
Yuwai langa yu du.

24. Sing song. ♫♫♫

*Maitbi abum kolekshan iya blanga larram pipul gibit mani
langa tjetj.*

25. Afta det song, maitbi det lida garra tok:

Sambala pipul gibit olabat taim,
   en sambala gibit olabat mani langa God thru
      dijan tjetj.
Wi garra gibit theingks langa Yawei
   blanga ol detlot ting weya olabat gibit.

Det lida o pris garra prei blanga ola ting weya pipul bin gibit:

Nyukurrwan God,
   yubin meigim ebrijing,
   dumaji yu brabli gudbala langa melabat.
Deigim en yusum melabat ofring blanga yu plen.
Nyukurrwan God, yu jidan olagijawan. Amin.

TAIM BLANGA PREYA

26. Det lida garra prei. If im wandim, im gin askim najalot pipul blanga prei du blanga dislot iya.

Wi garra prei blanga dijan wel en blanga wi tjetj.

Det lida gin prei blanga dislot iya:

- *[Detlot pipul] hubin beptais wulijim im garra kipgon trastim Jisas*

- *Det sponsa (en ola femili)*

- *Det tjetj bilibamob garra album olabat blanga kipgon jidan strongbalawei en trastimbat Jisas*

- *Preya blanga Australia en ola difrinwan kantri en ola gabman en odinri bos ebriweya...*

- *Preya blanga ola tjetj en tjetj lidamob ebriweya...*

- *Preya blanga ola sikbala pipul, en enibodi hu abum enikain trabul...*

- *Preya blanga gibit theingks blanga ola Kristjan pipul hubin shoum wi det gudbalawei basdam...*

Afta ebri preya, det lida gin tok:

Dedi God, yu irrim melabat preya,
   langa Jisas neim.

Blanga Beptais

27. Afta ola najalot preya, ebribodi garra prei dijan Lod Preya:

Dedi langa hebin,
  yu neim im brabli haibala,
  en melabat nomo wandim enibodi garra
    yusum yu neim nogudbalawei.

Melabat wandim yu garra kaman
  en jidan Bos langa melabat,
  en melabat wandim ola pipul iya langa ebri kantri
    garra irrim yu wed en teiknodis langa yu
      seimwei laik olabat dum deya langa hebin.

Melabat askim yu blanga gibit melabat daga
  blanga dagat tudei.

Melabat larramgo fri detlot pipul
  hu dumbat nogudbala ting langa melabat,
  en melabat askim yu blanga larramgo melabat fri du.
Melabat askim yu nomo blanga larram enijing
  testimbat melabat brabli adbalawei,
en yu nomo larram Seitin deigidawei melabat brom yu.

Ol detlot ting na melabat askim yu Dedi,
  dumaji yu na Bos blanga ebrijing
  en yu garram detmatj pawa
  en yu na haibalawan garram det shainiwan lait
    tudei en olagijawan.
Trubala!

WI MEIGIM MISELP REDI BLANGA HOLI KOMYUNYAN

If det sebis im nomo Holi Komyunyan, libum ¶28 – ¶32 en kipgon langa ¶33, peij 68.

28. Det pris garra meigim det komyunyan daga redi. Det lida garra tok:

Jisas bin tok: 'God bin laigim ebribodi detmatj, en imbin jandim im ronwan san blanga dai blanga olabat, wulijim ebribodi hu bilib langa im garra abum det olagijawan laif en nomo dai.'

(Jon 3:16)

Blanga Beptais

DET BRABLI BIGISWAN THEINGKS

29. Det pris garra tok:

Det Bos, im iya garram wi.
Yuwai, im iya garram wi.

Wi garra libdimap wi hat
   en luk langa top langa im.
Yuwai, wi garra luk langa im!

Wi garra gibit theingks langa Yawei det trubala God!
**Yuwai, wi garra gibit im bigiswan theingks
   en preis!**

Dedi langa Top,
  melabat gibit yu theingks en preis,
  dumaji oni yu na det trubalawan God.

Yu jidan haibala garram ola pawa,
  en yu jidan kainbala du.
Yubin meigim ebrijing,
  en seimtaim yubin meigim melabat du.

Yawei, yu na det trubalawan God.
**Yuwai, melabat gibit yu bigiswan theingks
  en preis!**

Melabat gibit preis langa yu,
  dumaji wen melabat bin gowei brom yu,
  yubin jandim Jisas
    blanga shoum melabat hau blanga laigim yu.

Jisas bin dai blanga melabat
  bat im nomo bin dai olagijawan
    dumaji im na det Bos blanga laif.

Wen imbin dai langa det kros,
  imbin meigim ebribodi fri
    brom olabat nogudbalawei.
Wen imbin gidap laibala,
  imbin gibit melabat det nyuwan laif.

Yawei, yu na det trubalawan God.
**Yuwai, melabat gibit yu bigiswan theingks
  en preis!**

Ola einjulmob preisim yu,
    garram ola bilibamob brom longtaim,
    en melabat wandim preisim yu du!

Ebribodi garra prei:

Holi, holi, holi!
Yu na det Boswan God.
Yu garram mowa pawa
    langa enijing langa dijan wel.
Oni yu na det Haibala Bos
    garram det shainiwan lait!

Melabat gibit yu theingks,
    dumaji yubin gibit melabat dislot speshalwan
        daga en wain.
Album melabat dagat dijan daga
    en dringgim dijan wain
        garram det pawa blanga yu Holi Spirit,
    en blanga dagat insaidwei
        blanga jinggabat Jisas bodi en blad.

30. *Det pris garra kipgon:*
Langa det nait bifo imbin dai,
    Jisas bin dagadagat daga
        garram im wekinmen olabat.

Jisas bin gajim det daga,
    en imbin gibit theingks,
    en imbin breigim det daga,
    en imbin gibit langa olabat,
    en imbin tok:

'Dijan na main ronwan bodi
   weya ai gibit blanga yumob.
Wal yumob garra dagat dijan daga
   blanga jinggabat mi.'

Afta olabat bin dagat det daga,
   imbin gajim det kap
   en imbin gibit theingks.
Jisas bin gibit olabat det kap en imbin tok,

'Dijan wain im det nyubalawei blanga God.
Ai garra spilim main ronwan blad blanga yumob
   blanga opinimap det nyubalawei blanga God.
En ebritaim wen yumob dringgim dijan wain,
   yumob garra dringgim blanga jinggabat mi.'

Blanga tharran na,
   melabat dum wanim Jisas bin dalim melabat
   blanga dum.
Melabat jinggabat det wanbala brabli gudwan
   ofring
   weya imbin meigim blanga larramgo melabat fri
   brom ol detlot nogudbala ting
      weya melabat bin dumbat,
   en nomo oni melabat,
   bat ol detlot nogudbala ting weya ebribodi
   bin oldei dumbat holot.

Blanga tharran na, ebribodi garra tok:
Jisas bin dai
Jisas bin gidap laibala
Jisas garra kambek igin.

Dedi,
  yu bilimap melabat garram yu Holi Spirit.
Album melabat blanga bulurrum Jisas,
    langa ebrijing weya melabat dum en tok,
    dumaji melabat wandim ebribodi
      blanga jidan gudbalawei blanga yu
        langa dijan wel weya yubin meigim.

Yu irrim melabat preya, thru langa Jisas Krais,
  det Bos blanga melabat:

Ebribodi garra prei mijamet:

Nyukurrwan God,
  melabat gibit theingks langa yu,
  melabat preisim yu,
  en melabat lukbek langa yu.
Yu na haibala en strongbala olagija. Amin.

31. Det pris garra breigim det daga na.

Nomeda wi bigmob,
  bat stil wi jidan wanbala bodi.
Dumaji wi ol dagat det seimwan daga.

Kaman en dagat dijan nyukurrwan daga
    det bodi en det blad blanga Jisas Krais
      garram theingks en preis.
En jinggabat hau imbin dai blanga wi.

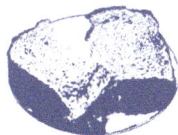

32.   Ola pipul garra jandap blanga dagat det daga.

Wen det pris o lida gibit det nyukurrwan daga en wain im garra tok:

Det bodi blanga Jisas Krais gibit yu olagijawan laif. Dagat dis daga blanga jinggabat Jisas weya imbin dai blanga yu.
Amin.

Det blad blanga Jisas Krais gibit yu olagijawan laif. Dringgim dis wain blanga jinggabat Jisas weya imbin weistim im blad blanga yu.
Amin.

JANDIMWEI PIPUL BLANGA GOD

33.   Afta na, det pris garra tok:

Wi prei na:

Kainbala God,
  wen melabat beptais,
  yu meigim melabat wanbala femili
    langa Jisas Krais det San blanga yu.
Melabat sherim wanbala bodi en blad
  en det Holi Spirit blanga im.
Album melabat laigim gija
  en jidan strongbala langa det bodi blanga Krais.

Dedi God,
  melabat gibit miselp langa yu
    jis laiga laibalawan sekrifais ofring,
  dumaji Jisas Krais det Boswan
    bin dai blanga melabat.

34. Sing laswan song. ♫♫♫

35. Det pris garra tok:

Yumob gowei brom iya gudbinjiwei,
  yumob kaan bradin
    blanga enijing bat oni
      kipgon langa det gudbalawei.

Yumob garra heidim ola nogudbala ting
  en kipgon jidan garram ola gudbala ting.
Wen enibodi dum nogudbala ting langa yumob,
  yumob kaan peiyimbek im nogudbalawei.
Album detlot pipul hu jidan wikwan;
  en lukaftumbat detlot pipul hu abumbat adtaim.

Shoum rispek langa ebribodi;
  laigim Jisas Krais det Bos en wek blanga im;
  en yumob garra oldei gudbinji
    langa det pawa blanga det Holi Spirit.

En det wanbala God,
  hu Dedi, en San, en Holi Spirit,
  jidan garram yumob olagijawan.
Amin.

Blanga Beptais

69

36. Det dikin o lida tok:

Wi gowei brom iya gudbinjiwei na,
  dumaji wi sabi God laigim wi,
  en wi sabi im San Jisas Krais laigim wi du.

**Yuwai. Wi gowei brom iya gudbinjiwei na,
  dumaji Jisas Krais im jidan garram wi.**

*Afta ola pipul bin dagat det nyukurrwan daga, det dikin o pris
garra dagat eni leftoba daga en klinimap det kap en pleit.*

Blanga Beptais

Sebis blanga Konfem

Sebis blanga Konfem

Dijan sebis mas garra abum bishap. Oni det bishap gin lidim dijan sebis.

Langa dijan sebis, if det redwan raiting tok 'lida', eni tjetj lida o minista gin dum, bat wen det raiting tok 'pris', oni det bishap o pris gin dum det pat. Wen eni tjetj garram pipul hu wandim konfem, wal det tjetj lida o pris garra tok langa det bishap blanga kaman deya blanga album olabat konfem.

Dijan sebis im oldei jidan langa midul garram najawan sebis; maitbi det Ailibala Preya, Holi Komyunyan o Sebis blanga Beptais. Det bishap garra pikimat det rait pleis blanga dum.

BIFO SEBIS

Bifo enibodi konfem, im garra beptais basdam.

Sambala bin beptais wen dei bin biginini. Wen sambodi lagijat wandim tok miselp hau im trastimbat God, wal det tjetj gin album im blanga meigim im redi blanga konfem. O, maitbi det sambodi bin beptais wen imbin bigwan, bat im wandi tok igin hau im trastim God. Wal blanga tharran na, im gin konfem. O, maitbi sambala gin beptais en konfem seimtaim, if im bigwan en im redi blanga dum lagijat.

Ol detmob hu wandi konfem garra jidan garram tjetj lida en len mowa blanga det Kristjan wei. Detmob hu wandi konfem garra len blanga det Krid, en blanga God Iowa, en Lod Preya en blanga hau dei garra bulurrum Jisas brabliwei.

MAJURRUMAP PIPUL BLANGA GOD

1.   Det bishap garra tok:

Wal yumob hubin beptais en hu wandi konfem,
   yumob kaman iya na.

Det bishap tok langa ebribodi.

Dislot garra meigim det pramis igin
   weya olabat bin olredi meigim
      wen olabat bin beptais
      en dei garra dalim wi holot hau dei trastim Jisas
      en hau dei garra bulurrum im.
Wi garra prei blanga olabat na,
   en ai garra pudum main bingga
      langa olabat gabarra
   en askim det Holi Spirit blanga jidan insaid
      langa olabat blanga meigim olabat redi
         blanga dumbat det wek blanga Jisas
            weya God bin jingat langa olabat blanga dum.

*2.   Det lida garra bringimap detlot pipul hu wandi konfem
langa bishap, en det lida gibit neim blanga detlot pipul
wanbala wanbala. Det lida garra tok:*

Iya na [*neim*], hu wandi konfem.

*3.   Maitbi detlot hu wandi konfem garra tok wanbala
wanbala blanga hau olabat bin gibit olabat laif langa Dedi
God.*

74

DETLOT PRAMIS

4.   Det bishap garra tok:

Enibodi hu wandim konfem garra jandap lida
   langa God
  en langa ola pipul,
  en im garra tok
     im garra bulurrum Jisas Krais trubalawei,
En im garra tok im garra libum
   det nogudbalawei olagijawan.

Wal mi askim yu na.
Yu gibit miselp langa Jisas Krais
   blanga bulurrum im trubalawei?
Yuwai, mi gibit miselp langa Jisas Krais.

Yu sori blanga ola nogudbala ting weya yubin dumbat
   en yu wandi libum det nogudbalawei?
Yuwai, mi sori en ai garra libum holot.

Yu garra gibit bekbon langa det dibuldibul
   en det nogudbalawei?
Yuwai, ai garra gibit bekbon holot.

5. *Det bishap garra askim dislot kwestjan en ola Kristjan pipul deya la tjetj gin tok mijamet garram detlot hu garra konfem garram det ensa:*

Yu bilib langa God det Dedi?
Yuwai, ai bilib langa Yawei,
hu garram ola pawa,
en im na bin meigim ebrijing
langa hebin en iya langa graun.

Yu bilib langa God det San?
Yuwai, ai bilib langa Jisas Krais,
det oni San blanga God.
Det Holi Spirit bin kaman,
en jidan langa Meri
en bambai Jisas bin bon.
Afta na, Panshas Pailat bin kotim im,
en deibin neilimap Jisas langa det kros,
en deya na imbin dai.
En afta, deibin pudum im langa det greibyad,
weya ola dedbala pipul jidan.
Thrideistaim Jisas bin gidap laibala
brom dedbala,
en imin gobek langa hebin,
weya im jidan raidensaid langa Dedi God.
Brom deya im garra kotim ebribodi;
laibalawan pipul en ol detlot pipul hubin dai du.

Yu bilib langa God det Holi Spirit?
Yuwai, ai bilib langa det Holi Spirit.
En ai bilib God bin meigim Kristjan pipul
jidan wan tjetj.

**Ai bilib God na larramgo wi fri
brom wi nogudbalawei.
En ai bilib God garra meigim pipul
gidap laibala brom dedbala,
en wi garra jidan laibala olagijawan.
Trubala!**

Yu wandim kipum det gudbala lowa blanga wi Dedi
en teiknodis langa im raidap langa yu dai?
Yuwai, en mi askim God blanga album mi.

6.   *Det bishap garra tok langa tjetjmob.*

Wal, yumob bin irrim [*wi braja en sista*]
meigim pramis igin langa God en ola pipul.
Yumob garra album [*olabat*] kipgon trubalawei?
Yuwai melabat garra album olabat.

TAIM BLANGA KONFEM

7.   *Det bishap garra jingat:*

Oni Yawei na oldei albumbat wi;
im na bin meigim det skai en dijan graun.

Preisim det neim blanga Yawei,
tudei en olagijawan. Trubala.

Haibala en Olagijawan God,
yubin gibit ola bilibamob nyuwan laif
garram woda en spirit
en yubin larramgo olabat fri
brom olabat nogudbalawei.

Melabat askim yu blanga meigim olabat strongbala
  garram det Holi Spirit wulijim olabat garra gro
  en jidan brabli gudbalawei.
Bildimap olabat garram det gudwan spirit
  blanga meigim olabat sabi brabliwei
    wanim God garra shoum olabat blanga dum,
  en meigim olabat strongbala insaidwei
    blanga jidan sabibala
  en blanga jidan raitwei langa yu God.
En bilimap olabat garram det gudbala filing
  en shainim yu lait
  dumaji yu brabli strongbala garram detmatj pawa,
    thru langa yu San, Jisas Krais, melabat Bos.
Amin.

*8.   Det bishap garra pudum im bingga langa detlot pipul
wanbala wanbala hu wandi konfem, en prei:*

Bos, meigim strongbala [*neim*],
  dijan [*wekinmen / wekingel*] blanga yu,
  garram det Holi Spirit.
Gibit im yu pawa blanga kipgon wekwekbat
  blanga yu.
Amin.

*9.   Ola tjetj pipul garra joinap garram det bishap en prei
mijamet:*

**Bos, lukaftumbat dislot biginini blanga yu
  en jidan kainbalawei langa olabat
    wulijim olabat garra kipgon jidan trubala
      langa yu olagijawan.**

78

Bilimap olabat garram yu Holi Spirit
   mowa en mowa ebri dei,
   raidap olabat garra kaman langa det pleis
      weya yu jidan haibala Bos olagijawan.
Trubala!

10.   Afta detlot pipul bin konfem, det bishap garra prei blanga holot:

Dedi God,
   yu garram ola pawa en yu jidan olagijawan.
Melabat prei bla ol dislot pipul hu aibin
   pudum bingga langa olabat,
   jis laik detlot mishanri langa Nyutestaman
      bin pudum bingga.
Aibin pudum bingga
   blanga album olabat sabi
      brabliwei yu laigim olabat detmatj.
Dedi, pudum yu bingga langa olabat du,
   blanga kipum olabat seif langa yu wei.
Yu garra kipgon larram det Holi Spirit
   albumbat olabat blanga bulurrum
      en sabi det trubalawei,
   en meigim olabat duwit
   en teiknodis blanga yu wed langa Baibul.
Meigim olabat strongbala garram det kainbalawei
   en det gudbalawei blanga yu,
   en kipum olabat langa det olagijawan laif fogud.
Melabat askim yu thru melabat Bos
   en Seibya Jisas Krais.
Amin.

JANDIMWEI PIPUL BLANGA GOD

11. Det sebis garra kipgon na, bat bambai, det bishap garra binijimap det sebis garram dislot wed:

Ol detlot pipul hubin beptais en konfem garra
   sabi brabliwei wanim det Baibul titjimbat olabat.
En dei garra jidan mijamet garram det tjetjmob.
Dei garra dagat mijamet det nyukurrwan daga en wain.
En dei garra prei trubalawei ebridei.

God bin gibit wi det wek blanga
      kipgon meigimbat ola pipul jidan fren blanga im,
   jis laik imbin meigim wi fren blanga im.
En wi garra oldei dalimbat pipul God
   wandi meigim ebribodi jidan fren blanga im
      thru Jisas Krais.

God bin pikimat wi blanga laigim najalot pipul
   jis laik wi laigim miselp.
En wi garra rispek ola pipul en prei
   en wek blanga laigim gija en jidan wanbala
   en gibit feyago langa ebribodi.

Wal blanga tharran na,
   mi askim yumob:
Yumob garra dum dis wek
   weya God bin pikimat yumob blanga dum?
Yuwai.
Wi garra dum dijan na gudbinjiwei,
   garram det strongwan pawa
      brom det Holi Spirit.

Yumob gowei brom iya gudbinjiwei,
   yumob kaan bradin blanga enijing bat oni
      kipgon langa det gudbalawei.

Yumob garra heidim ola nogudbala ting
   en kipgon jidan garram ola gudbala ting.
Wen enibodi dum nogudbala ting langa yumob,
   yumob kaan peiyimbek im nogudbalawei.
Album detlot pipul hu jidan wikwan;
   en lukaftumbat detlot pipul hu abumbat adtaim.

Shoum rispek langa ebribodi;
   laigim Jisas Krais det Bos en wek blanga im;
   en yumob garra oldei gudbinji
      langa det pawa blanga det Holi Spirit.

En det wanbala God,
   hu Dedi, en San, en Holi Spirit,
   jidan garram yumob olagijawan.
Amin.

Wi gowei brom iya gudbinjiwei na,
      dumaji wi sabi God laigim wi,
   en wi sabi im San Jisas Krais laigim wi du.
**Yuwai. Wi gowei brom iya gudbinjiwei na,
   dumaji Jisas Krais im jidan garram wi.**

Blanga Konfem

Detlot Sebis blanga Lukaftumbat Pipul

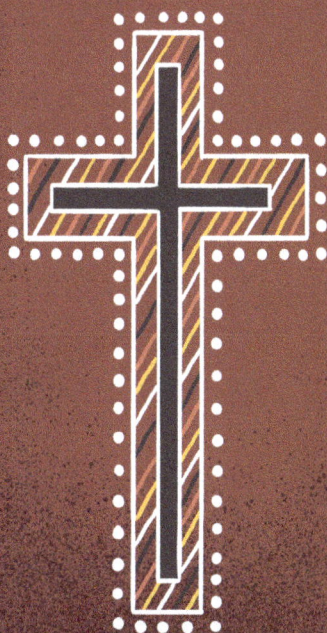

Ngalangga

Ministri blanga Sikwan Pipul

Ministri blanga Sikwan Pipul

Langa dijan sebis, wen det redwan wed tok 'lida' im min eni tjetj lida gin dum.

Bifo dijan preya taim det tjetj lida garra askim det sikwan o im femili olabat wanim rong langa im. If det sikwan kaan ridimat dijan preya mijamet, det lida gin ridimat, en det sikwan gin prei insaidwei.

Wen det sebis garra hepin langa kemp o tjetj:

Det lida garra pikimat wujan pat im garra dum wen im dum ministri blanga sikwan pipul. Im gin pikimat wanbala pat, o mowa, o holot brom dislot:

- *singim song,*
- *Lod Preya,*
- *wed brom Baibul,*
- *speshalwan preya,*
- *det Krid,*
- *tok sori langa God en hau God garra larramgo pipul fri,*
- *Holi Komyunyan, en*
- *blesim im garram God wed.*

Blanga shotwan sebis:

If det sikbala im deya la hospel o klinik o brabli sikwan, oni pikimat shotwan pat, laik:

- *lilwan Baibul riding,*
- *shotwan preya, en*
- *blesim im garram God wed.*

MEIGIM MISELP REDI

1. Det lida garra welkam det sikwan en ola femili, en afta, im gin tok:

Jisas Krais, det Bos, im iya garram wi.
  Yuwai, im iya garram wi.

2. Maitbi sing song o abum ekshan song. ♫♫♫

WED BLANGA GOD

3. Det lida gin ridimat Baibul pat brom dislot, o najawan Baibul stori.

Blanga album pipul trastimbat God en abum feith langa God:

Ola Saam 27; 46; 71; 91; 121

Prabebs 3:11–26

Aisaiya 26:1–9; 40:1–11; 55:6–11

Leminteishans 3:22–26

Methyu 5:1–12

Mak 10:46–52

Luk 10:38–42; 22:14–20; 24:36–48

Jon 6:47–58; 11:20–27; 14:1–27; 15:1–11

Romans 8:31–39

Falipiyans 4:6–7

Jeims 5:13–18

Rebaleishan 7:9–17; 21:1–7; 22:1–7

Blanga Biginini:
Methyu 19:13-15
Luk 7:11-17; 8:49-56
Sekan Kings 4:27-37
Fes Kings 17:17-24

Blanga Jisas, wen imin hilim pipul:
Mak 1:40-42; 2:1-12; 5:22-43; 9:14-29; 10:46-52
Methyu 8:14-17
Luk 5:12-13; 17:11-19
Jon 5:2-9

Blanga ol detlot wekinmen blanga Jisas, wen olabat bin hilim pipul:
Mak 6:7-13
Eks 3:1-10; 9:32-42

Wen sambodi redi blanga tok sori langa God:
Ola Saam 51; 130; 143
Luk 15
Jon 3:14-21

Askimbat God blanga album wi:
Ola Saam 43; 86; 143

Preis en Theingks:
Ola Saam 34; 40; 103; 145
88

God, im det gudwan stakmen:

Ola Saam 23

Jon 10:1–18

God, im laigim wi detmatj:

Romans 5:6–11

Fes Jon 3:1–7

Wi garra laigim God, en laigim gija:

Fes Karinthiyans 13

Fes Jon 4:7–21

4.   *Det lida garra tok shotwan mesij burrum det Baibul.*

5. *Det lida gin pikimat wanbala o dubala preya brom dislot.*

5a. Fes preya blanga hiling

Dedi God,
  yubin gibit melabat laif
  en yu na meigim melabat strongbala.
Melabat prei blanga [*neim*]
  en askim yu blanga hilim im.
Luk langa im garram det gudwan filing blanga yu.
Oni yu na Dedi, gin album im sabi yu
  en trastimbat yu brabliwei;
  wulijim im kaan wori o bradin blanga enijing enimo.
Dedi God, irrim melabat preya,
  langa det neim blanga Jisas,
  melabat Bos en Seibya. **Amin.**

5b. Sekan preya blanga hiling

Jisas Krais, San blanga God,
  yubin bidim ola nogudbala spirit, garram yu pawa
  en yubin hilim detlot sikbala pipul
    hubin kaman langa yu.
Melabat askim yu
  blanga jandim yu Holi Spirit langa [*neim*].
Pudum yu bingga langa im
  en meigim im jidan strongbala.
Album [*neim*] blanga jinggabat
  en trastimbat yu brabliwei. **Amin.**

Blanga Sikwan

5c. Preya blanga sambodi hu jidan brabli sikbala

Dedi God,
   yu oldei maindimbat mi.
Nobodi kaan album mi.
Oni yu na gin album mi dumaji yu laigim mi.
Yu meigim mi jidan strongbala
   en album mi blanga trastimbat yu holbit.
Mi sabi nomo enijing kaan kadimat mi brom yu,
   dumaji yu laigim mi olagijawan, langa Jisas neim.
Amin.

5d. Fes preya blanga sambodi weya im wori im garra dai
(luk Jon 11:25)

Yawei,
   yu irrim melabat preya
   en meigim melabat kipgon blanga jidan strongbala.
Melabat askim yu blanga album [*neim*].
Yu sabi im bradin.
Yu kaman gulijap langa im garram yu Holi Spirit.
Album im trastimbat Jisas,
   hubin gidap laibala brom dedbala.
Yu larramgo im fri brom im nogudbalawei
   en yu album im sabi yu brabliwei
   dumaji yu laigim im detmatj.
Yu shoum im det wei blanga yu,
   wulijim im garra jidan langa yu olagijawan.
Melabat libum im langa yu bingga na,
   thru langa Jisas Krais, melabat Bos en Seibya.
Amin.

5e. Sekan preya blanga sambodi weya im wori im garra dai
(brom Eks 17:28)

Dedi langa top,
  yu na garram det laif blanga [*neim*]
    langa yu bingga.
Album [*neim*] blanga trastimbat wanim yu wandim.
Wulijim, nomeda if im garra dai,
  o if im garra kipgon jidan laibala,
    im garra kipgon bulurrum yu;
  blanga Jisas Krais, hu laigim melabat
    en bin gibit im laif blanga melabat.
Trubala.

5f. Namba 3 preya blanga sambodi weya im wori im garra dai
(brom Saam 61:3-4)

Dedi God,
  yu oldei maindimbat mi,
  dumaji yu brabli strongbala.
Deigim mi langa yu seikridwan haus
  weya ai garra jidan brabli seifwan
    langa yu bingga olagijawan.
Trubala.

5g. Fes preya blanga biginini hu jidan sikbala

Lod Jisas,
    yu jidan brabli kainbala langa ola biginini,
    en yubin larram olabat kaman langa yu.
Wal melabat bringimap [*neim*] langa yu na,
    dumaji im brabli sikwan.
Oni yu na gin meigim im strongbala igin.
Yu blesim im en hilim im brom dijan siknis en pein.
Wulijim im garra bulurrum yu
    en meigim yu gudbinji.
Amin.

5h. Sekan preya blanga biginini hu jidan sikbala

Dedi God,
    melabat holot jidan biginini blanga yu,
    en yu laigim melabat detmatj.

Dijan biginini blanga melabat im brabli sikwan.
Melabat sori miselp langa yu
    blanga dijan biginini
      dumaji yu laigim ola biginini.
Jandim yu Holi Spirit,
    en album im blanga jidan gudbala.
Meigim im jidan strongbala igin.

Melabat trastimbat yu Dedi,
    en melabat gibit yu theingks.
Melabat libum ebrijing langa yu bingga,
    langa Jisas neim. **Amin.**

5i. Preya blanga libum im langa God bingga

Yawei,
  yu na det God blanga melabat.
Yubin gibit [*neim*] laif
  en yu deigimbek det laif langa yu na.
Nomeda wanim nogudbala ting imbin dum
    wen imbin iya langa dis wel,
      melabat askim yu blanga gaburrumap
        ola nogudbalawei blanga im
          en nomo jinggabat enimo.
Melabat libum im langa yu bingga na.
Deigim det spirit blanga im,
    langa det gudbala pleis blanga yu. **Amin.**

6.   Wen det sikwan im jidan Kristjan, en im redi blanga dai, wal det pris gin tok dijan, blanga gibit im gudwan wed.

[*Neim*], kipgon basdam,
  dumaji yu biginini blanga God,
  yu garra kipgon bulurrum Jisas olawei.
Yubin trubala langa det wed weya wi bilib
  en yubin jidan raitwei langa im.
Mi askim God blanga jidan brabli kainbala
  langa yu olagijawan,
    dumaji yu laigim Jisas Krais
      det Bos blanga wi, brabliwei.

Blanga tharran na,
  yu garra gowei brom iya,
  en yu garra abum det nyubala laif,
  langa det neim blanga Dedi God hubin meigim yu;

langa det neim blanga Jisas Krais
  hubin weistim im blad blanga yu,
en langa det neim blanga Holi Spirit
  hu oldei meigim yu strongbala,
en garram ola einjulmob,
  en ola bilibamob from longtaim
    hu garra album yu.
Melabat wandim yu garra jidan gudbinjiwei
  tudei en olagijawan,
  en yu garra jidan deya langa Jerusalem,
    det nyubala kemp langa Hebin.
Trubala.

Dedi God,
  melabat gibit yu theingks en preis
  dumaji yu jidan kainbala langa ola powan pipul
  en langa detlot pipul hu abumbat adtaim,
  en yu irrim olabat wen dei jingat langa yu.

Dedi God, irrim melabat preya
  dumaji melabat trastimbat yu.
Amin.

Wi garra prei mijamet na
  det preya weya Jisas bin titjim im wekinmen olabat:
Dedi langa hebin,
  yu neim im brabli haibala,
  en melabat nomo wandim enibodi garra
    yusum yu neim nogudbalawei.

95

Melabat wandim yu garra kaman
  en jidan Bos langa melabat,
  en melabat wandim ola pipul iya langa ebri kantri
    garra irrim yu wed en teiknodis langa yu
      seimwei laik olabat dum deya langa hebin.

Melabat askim yu blanga gibit melabat daga
  blanga dagat tudei.

Melabat larramgo fri detlot pipul
  hu dumbat nogudbala ting langa melabat,
  en melabat askim yu blanga larramgo melabat
    fri du.

Melabat askim yu nomo blanga larram enijing
  testimbat melabat brabli adbalawei,
  en yu nomo larram Seitin deigidawei melabat
    brom yu.

Ol detlot ting na melabat askim yu Dedi,
  dumaji yu na Bos blanga ebrijing
  en yu garram detmatj pawa
  en yu na haibalawan garram det shainiwan lait
    tudei en olagijawan.
Trubala!

*9.   Maitbi ebribodi gin tok Krid iya. If olabat brabli sikwan,
maitbi oni det lida gin tok. (Yu gin luk det Krid langa Ailibala
Preya sebis, ¶15, peig 19).*

TOK SORI LANGA GOD

10.   Maitbi ebribodi gin tok dijan preya blanga meigim miselp redi:

Dedi la top,
  yu sabi melabat insaidwei
  en melabat kaan blandim enijing brom yu.
Yu jidan gulijap langa melabat
  garram yu Holi Spirit,
  wulijim melabat garra weship yu brabliwei.
Amin.

11.   Det lida garra tok:

Langa Prabebs im tok, 'If yu haidim ol yu nogudbalawei yu kaan jidan gudwei. Bat if yu onap wanim yubin dum en yu nomo dum detlot ting enimo, God garra jidan kainbala langa yu.'

(Brom Prabebs 28:13)

Blanga Sikwan

Wen det sikbalawan im wandi tok sori langa God, im gin tok enikain wed, o det lida gin tok dislot:

Jisas Krais na welkam yu,
  dumaji imbin kaman langa ola nogudbala pipul
  en wi holot bin bulurrum det nogudbalawei.
God im brabli kainbala, en im brabli gudbala,
  en im oldei wandi larramgo wi fri.

Blanga tharran na wi garra prei mijamet na, en tok sori langa God:

Dedi God,
  yu na det brabli kainbalawan.
Yubin meigim mi,
  en yu garra kotim mi bambai.
Mi dum nogudbala ting langa yu,
  hau mi jinggabat, en tok en wanim mi dum.
En mi nomo bin dum
  wanim yubin wandim mi blanga dum.

Mi nomo bin laigim yu brabliwei
  garram main laif holbit.
Mi nomo bin laigim ola najalot pipul
  laik mi laigim miselp.

Mi sori blanga detlot nogudbalawei blanga mi,
  en mi kaan jinggabat detkain eni mowa.

Dedi, larramgo mi fri.
Meigim mi strongbala blanga laigim yu
  en blanga dum wanim yu wandim mi blanga dum
    langa det nyubalawei,
  thru Jisas Krais,
    det Bos blanga melabat.
Amin.

O, dijan preya if det sikwan wandi onap blanga im nogudbalawei:

Dedi God,
  mi onap blanga ola nogudbala ting
    weya aibin tok en dumbat,
    en weya aibin jinggabat.

Det brabli nogudbala ting weya aibin dumbat...

[det sikwan gin tok enikain wed iya]

Mi sori miselp brabliwei blanga detlot nogudwan
  ting aibin dumbat.
Blanga tharran na ai garra libum det nogudbalawei,
  en gibit miselp brabliwei langa Baba Jisas.
Yu larramgo mi fri,
  dumaji Jisas na bin dum det wek blanga mi.
Amin.

12.   Afta det sikbala bin tok sori, det lida gin tok:

Jisas gin oldei seibum enibodi hu wandi kaman langa
God thru im, dumaji im jidan laibala olagijawan, en
im gin oldei askimbat God blanga im.

(Hibrus 7:25)

O, det pris gin tok:

Yawei,
  oni im na det trubala God
    weya garram ola pawa,
  en im pramis blanga larramgo fri
    detlot pipul hu bilib langa im.
Im larramgo yu fri brom yu nogudbalawei
  en im na garra meigim yu jidan strongbala
    en gibit yu det olagijawan laif. Amin.

*13.   Maitbi Komyunyan gin hepin iya if pris gin dum. (Luk
langa ¶16- ¶20, peij 35, langa Komyunyan Sebis).*

14.   Maitbi sing song. ♫♫♫

15. Det lida binij garram dijan wed:

Wal mi askim Jisas Krais det Bos blanga wi
 blanga jidan brabli kainbala langa yumob,
en mi askim God
  blanga shoum yumob im laigim yumob,
en mi askim det Holi Spirit
  blanga jidan mijamet garram yumob du.
Amin.   *(brom Sekan Karinthiyans 13:13)*

16. Det pris garra tok dijan (o det lida gin ridimat eni gudwan wed brom Baibul laik brom Nambas 6:24-26):

Wi trastim det brabli gudbalawei
 en det brabli kainbalawei blanga God
  det Dedi blanga wi,
 blanga kipum yu seifwan,
 langa im bingga, olagijawan.

Larram Yawei, det trubala God,
 jidan gudbinji en kainbala langa yu.
Larram im luk langa yu gudbalawei
 en meigim yu jidan gudbinji
  tudei en olagijawan.
Amin.

Fyunrul Sebis

Fyunrul Sebis

Langa dijan sebis, wen det redwan raiting tok 'lida' eni tjetj lida hu garram laisens brom Bishap gin dum. If sambodi garra lidim fyunrul sebis langa Enggliken Tjetj, det sambodi mas garra abum laisens brom Bishap.

Langa dijan sebis, wen im tok '[labwan]' det lida gin pikimat eni gudwan wei blanga tok blanga det wan hubin dai. Maitbi 'braja' o 'sista' o 'biginini' o det neim blanga det wan hubin binij.

MAJURRUMAP PIPUL BLANGA GOD

1.   Det lida garra welkam ol detlot pipul hubin kaman.

Maitbi det lida gin yusum dijan wed blanga welkam.

Jisas Krais, det Bos, im iya garram wi.
   Yuwai, im iya garram wi.

2.   Det femili garra bringimap det boks. Maitbi sambodi garra plei o sing song o pikimat Baibul bes brom Rebaleishan 7:17 o Aisaiya 40:11.

3.   Det lida garra tok langa ebribodi:

Wibin kaman mijamet iya tudei blanga sori miselp
   blanga wi [*labwan*] hubin libum wi.
Wibin kaman iya blanga shoum rispek
   en blanga pudum det bodi blanga im
      langa greib gudwei,
   en blanga jinggabat ola femili blanga im.
Wal wi sabi detlot pipul hu bilib langa Jisas Krais
   abum det olagijawan laif,
   en wi sabi wen olabat dai,
   dei oldei jidan garram Jisas Krais olagijawan.
En blanga tharran na,
   wi garra prei langa God en gibit theingks langa im.
Dumaji wi trastim im,
   en wi libum wi [*labwan*] langa im bingga.

Wal wi du, garra dai lagijat,
   en bambai, God garra kotim ebribodi.
En blanga tharran na wi dalimbat ebribodi

Fyunrul

Jisas bin gidap laibala brom dedbala,
en detlot pipul hu bilib langa im
 garra gidap laibala garram im,
en joinap garram ol detlot bilibamob
 mijamet garram Jisas Krais.

4. *If det wan hubin binij im biginini, det lida tok:*

Wi kaman mijamet blanga sori miselp brabliwei
 blanga dijan biginini weya imbin binij.
Wi sherim mijamet det pein
 garram det biginini femili,
 en wi garra trai blanga album gija.
Jisas bin tok langa Baibul
 imbin laigim biginini detmatj,
 en if wi wandim jidan garram im,
 wal wi garra meigim miselp lobala jis laiga lilwan
 biginini.
Blanga tharran na, wi trastimbat God,
 en wi luk langa Jisas na.

5.   *Det lida garra pikimat wanbala bes brom Baibul. Im gin tok wanbala brom dislot o najawan bes.*

Langa Jon 11:25, Jisas bin tok:
 'Mi na meigim pipul gidap laibala brom dedbala.
En mi na gibit olabat laif. En nomeda detlot pipul
hu bilib langa mi maitbi garra dai, bat stil dei garra
gidap laibala.'

Langa Romans 8:38–39 im tok,

Ai sabi nomo enijing kaan kadimat wi brom God weya im laigim wi thru Jisas Krais det Bos blanga wi. Nomeda wi jidan laibala o wi dai, bat stil det dubala ting kaan kadimat wi. En ola einjul en ola dibuldibul kaan kadimat wi du. En ebrijing weya bin hepin tudei en ebrijing weya garra hepin bambai kaan kadimat wi du. Nomo enikain pawa o enijing langa top o enijing langa dijan kantri kaan kadimat wi, dumaji nomo enijing weya God bin meigim kaan kadimat wi brom im weya im laigim wi detmatj thru Jisas Krais det Bos blanga wi.

Langa Rebaleishan 20:11–13 im tok,

Brom deya aibin luk bigbala waitwan tjeya, en aibin luk det sambodi hubin jidan langa det tjeya, en ola graun en skai bin ranawei na, binij olagija. Brom deya aibin luk ola dedbala pipul bin gidap na. Detlot pipul hubin dai langa solwoda en detlot pipul hubin dai langa graun bin ol gidap. Detlot dedbala langa ola spirit pleis bin gidap du. Holot ola dedbala pipul bin gidap, en deibin ol jandap lida langa det speshalwan waitwan tjeya. Sambodi bin opinimap ola buk na, en deibin opinimap det najawan buk du, det buk dei gulum Buk Blanga Laif.

O maitbi det lida gin pikimat wanbala bes brom dislot:

Saam 46:1, Methyu 5:4, Jon 3:16, Jon 14:1-3, Leminteishans 3:22-23, Aklisiyestis 5:15-16, o Fes Karinthiyans 15:25-26.

6. Dijan im brabli gudwan bes wen det fyunrul im blanga biginini.

Langa Methyu 19, Jisas bin tok

'Yumob nomo andimwei detlot biginini. Yumob larram olabat kaman langa mi, dumaji ola pipul hu meigim miselp lobala jis laik dislot biginini, wal olabat na garra jidan garram God.' En Jisas bin pudum im bingga langa detlot biginini blanga tok gudbala wed langa olabat.

O, blanga biginini det lida gin pikimat wanbala brom Aisaiya 40:11, 1 Jon 3:2, o Rebaleishan 7:17.

7.   Det lida garra prei:

Kainbalawan God,
   oni yu na gin gibit laif.
Larram yu Holi Spirit hu gibit laif
   tatjim melabat, en bilimap melabat holot
      garram det kainbalawei blanga yu.
Wen melabat brabli nogudbinji,
   jandim yu Holi Spirit
      blanga album melabat langa dijan adtaim.
Album melabat blanga kipgon trastimbat yu
   en larram melabat go fri brom ola pein
   en meigim melabat jidan gudbinji
      langa Jisas Krais, melabat Bos.
Amin.

TAIM BLANGA SHERIM

8. Taim blanga sherim stori blanga det wan hubin binij.

- *Basdam, maitbi det tjetj lida wandi tok, blanga det [labwan] hubin binij.*

- *Neks maitbi sambala femili en fren wandi gidap en tok du.*

- *Afta, maitbi det femili wandi sherim song.*

9. Sing song o dum ekshan song. ♫♫♫

WED BLANGA GOD

10. Maitbi sambodi garra ridimat wanbala Saam brom dislot:

God im det stakmen blanga wi
Saam 23

God im jidan garram wi
Saam 46

God bin oldei jidan laiga seifwan pleis
Saam 90:1-12

God na kipum wi seif
Saam 121

Preya blanga albumbat
Saam 130

God sabi ebribodi en im na lukaftumbat olabat
Saam 139:1-12

Fyunrul

11. *Sambodi garra ridimat Baibul brom dislot o najawan Baibul stori.*

Jisas det trubalawan weya gibit laif
Jon 14:1-6

Wibin dai garram Jisas Krais
Romans 6:3-9

Nobodi kaan kadimat wi brom Jisas Krais
Romans 8:31-38

Yu garra laigim pipul brabliwei
Fes Karinthiyans 13

Jisas Krais bin gidap laibala brom dedbala
Fes Karinthiyans 15

God garra gibit wi nyubala bodi
Sekan Karinthiyans 4:16-5:10

Wi garra win det reis
Falipiyans 3:10-16, 20-21

Jisas garra kambek
Fes Thesaloniyans 4:13-18

Nyubala hebin en nyubala graun
Rebaleishan 21:1-7

Gudbala en sedbala taim
Methyu 5:1-12

Jisas det daga weya meigim pipul
jidan laibala olagijawan
Jon 6:35-40

Fyunrul

Jisas meigim pipul gidap laibala brom dedbala
Jon 11:17-27

Jisas bin shoum miselp langa Meri
Jon 20:11-18

12. *Det lida garra tok blanga det Baibul stori.*

13. *Maitbi sing song.* ♫♫♫

TAIM BLANGA PREYA

14. *Det sambodi hu garra lidim preyataim gin tok:*

Wi prei langa Dedi God,
   hubin meigim Jisas gidap laibala brom dedbala.

Preya blanga gibit Theingks

Theingkyu Dedi God
   blanga det laif yubin gibit langa melabat,
   yubin meigim melabat laik yu ronselp,
   blanga bulurrum det trubalawei
   en blanga jidan laiga lait blanga yu.

Melabat theingkyu blanga det laif blanga melabat
[*labwan*].

Det lida gin gibit theingks blanga:

• *det femilimob blanga im ...*

• *ola gudbala ting weya imbin dum ...*

- *det adwek weya imbin dum langa dijan komyuniti ...*

- *melabat [labwan] dumaji imbin albumbat pipul en dalimbat pipul blanga God ...*

en melabat gibit theingks
  dumaji yubin meigim ol detlot wekinmen blanga yu
    wanbala langa Jisas Krais,
  nomeda dei jidan laibalawan o deibin binij.
Amin.

Preya blanga Ebribodi hu jidan Nogudbinji

Kainbala God,
  yu lukaftumbat ebribodi hu jidan nogudbinji
  en kraikraibat.

Det lida gin askim God blanga:

- *album ola femili mob ...*

- *jidan gulijap langa melabat ...*

Melabat askim yu Dedi,
  blanga album melabat hendimoba det trabul
    langa yu,
  dumaji yu laigim melabat
    en yu oldei lukaftumbat melabat.
Amin.

15. *Sambodi gin prei:*

Dedi la top, yu irrim melabat preya thru Jisas Krais,
  hubin titjim melabat hau blanga prei:

Fyunrul

Dedi langa hebin,
   yu neim im brabli haibala,
   en melabat nomo wandim enibodi garra
      yusum yu neim nogudbalawei.

Melabat wandim yu garra kaman
   en jidan Bos langa melabat,
   en melabat wandim ola pipul iya langa ebri kantri
      garra irrim yu wed en teiknodis langa yu
         seimwei laik olabat dum deya langa hebin.

Melabat askim yu blanga gibit melabat daga
   blanga dagat tudei.

Melabat larramgo fri detlot pipul
   hu dumbat nogudbala ting langa melabat,
   en melabat askim yu
      blanga larramgo melabat fri du.
Melabat askim yu
   nomo blanga larram enijing testimbat
      melabat brabli adbalawei,
   en yu nomo larram Seitin
      deigidawei melabat brom yu.

Ol detlot ting na melabat askim yu Dedi,
   dumaji yu na Bos blanga ebrijing
   en yu garram detmatj pawa
   en yu na haibalawan garram det shainiwan lait
      tudei en olagijawan.
Trubala!

TAIM BLANGA GUDBAI

Wi garra prei na, en libum [*wi labwan*] langa God
bingga:
  Nyukurrwan Dedi, yu laigim melabat detmatj.
  Wen yubin meigim melabat,
    yubin gibit melabat laif.
 En wen yubin baiyimbek melabat,
    yubin gibit melabat nyuwan laif garram Jisas.
  Melabat libum [*wi labwan*] langa yu bingga na,
  Dedi God,
    en melabat trastim yu thru melabat Bos,
    Jisas Krais det san blanga yu
    hubin dai, en gidap laibala igin
      blanga seibum melabat.
  Tudei Jisas im jidan laibala
    en im jidan Bos garram yu
    en det Holi Spirit, olagijawan.
Trubala.

JANDIMWEI PIPUL BLANGA GOD

17.   Det lida garra tok:

Wal mi askim Jisas Krais det Bos blanga wi
  blanga jidan brabli kainbala langa yumob,
  en mi askim God blanga shoum yumob im laigim
    yumob,
  en mi askim det Holi Spirit blanga jidan mijamet
    garram yumob du.

Larram Yawei det trubala God
   albumbat yumob en lukaftumbat yumob.
Larram im jidan gudbinji langa yumob,
   en kain langa yumob.
Larram im luk langa yumob gudbalawei
   en meigim yumob jidan gudbinjiwei.

(brom Nambas 6:24-26)

18.   *Maitbi 'flawa song' en afta, det 'gudbai song' o*
najawan song. ♫♫♫

19.   *Maitbi det lida garra tok:*

Wi gowei brom iya gudbinjiwei na,
   dumaji wi sabi God laigim wi,
   en wi sabi im San Jisas Krais laigim wi du.
Yuwai. Wi gowei brom iya gudbinjiwei na,
   dumaji Jisas Krais im jidan garram wi.

Fyunrul

Langa Greibsaid

MEIGIM REDI

20. Det lida garra pikimat en ridim wanbala bes brom dislot:

Langa Romans 14:8-9 im tok,
   En wen enibodi dai, im nomo dai blanga imselp du, dumaji wen wi jidan iya langa dijan kantri, wi jidan iya blanga Jisas Krais det Bos blanga wi. En wen wi dai, wi stil jidan blanga im. Yu si? Nomeda wi jidan laibala o wi dai, bat stil wi jidan blanga Jisas Krais det Bos blanga wi. En blanga tharran na Jisas Krais bin dai en imbin gidap laibala brom dedbala wulijim im garra jidan Bos blanga laibala pipul en dedbala pipul du.

Langa Fes Pida 1:3-4 im tok,
   Wal wi garra gibit theingks langa God det dedi blanga Jisas Krais det Bos blanga wi, dumaji imbin brabli kain langa wi, en imbin gibit wi nyubala laif wen imbin meigim Jisas Krais gidap laibala brom dedbala, en blanga tharran na wi sabi trubala wi garra gedim ol detlot ting weya God garram deya langa hebin blanga im pipul olabat, en wi sabi detlot ting kaan go nogudwan en binij. Dei garra jidan olagijawan.

Langa Fes Thesaloniyans 4:14 im tok,

Wi bilib Jisas bin dai en afta imbin gidap laibala brom dedbala en bambai im garra kambek blanga gajim ola bilibamob. En wi bilib ol detlot bilibamob hubin dai garra gidap laibala brom dedbala du en God garra meigim olabat go langa top garram Jisas.

Langa Job 1:21, Job bin tok,

'Ai nomo bin bringimap enijing wen aibin bon, en ai kaan deigim enijing langa greibyad wen ai dai. Oni Yawei imselp bin gibit mi ol detlot ebrijing, en Yawei na bin deigimwei ola ebrijing. Preisim det neim blanga Yawei.'

LIBUM LANGA GOD BINGGA

21.   Det lida garra jandap lida langa pipul, en prei, en pudum graun ontop langa det boks.

Dedi la top,
   yu brabli nyukurrwan,
   en melabat sabi yubin gibit yu pipul det laif
     weya olabat garra gidap laibala
      brom dedbala en jidan olagijawan.

Ol detlot bilibamob hubin dai,
   olabat jidan deya garram yu.
Wal melabat iya tudei blanga pudum dijan bodi
   blanga [*melabat neim / labwan*] langa graun.

Graun langa graun,
  [*en bulngu langa bulngu*],
  en das langa das,
  langa det neim blanga melabat Bos Jisas Krais.

Jisas bin dai, en deibin gaburrumap im,
  en imbin gidap laibala brom dedbala
    blanga melabat.
En im garra tjeinjim dijan bodi blanga melabat
  jis laik det bodi blanga im.

Dedi God melabat gibit theingks langa yu.
Yu garra gibit melabat pawa
  thru Jisas Krais det Bos blanga melabat
    blanga bidim det trabul weya garra
      meigim melabat dai.
Amin.

PREYA BLANGA MISELP

22. Maitbi det lida garra prei:

Kainbala God,
  yu kaan neba stap laigimbat melabat
    en yu jidan kainbala olagijawan.
Yu na det seifwan pleis blanga melabat
  en yu meigim melabat strongbala
    wen melabat jidan nogudbinji.

Wen yu San, Jisas Krais, det Bos blanga melabat,
    bin bidim deth en gidap laibala,
    imbin gibit melabat nyubala laif.

Wal, melabat garra kipgon trastimbat Jisas
        wulijim bambai, wen melabat dai
        melabat garra joinap garram ola bilibamob
            brom longtaim.
Trubala, langa det nyubalawei,
    nobodi kaan kraikrai eni mowa
    en ebribodi garra jidan gudbinji
        langa Jisas Krais, det Bos blanga melabat,
Amin.

23.   Maitbi det lida gin pikimat en ridim wanbala bes brom dubala:

Langa Jud 24-25 im tok,
    Wal God na gin album yumob blanga nomo tenbek
langa det nogudbalawei, en im gin meigim yumob
jidan brabli gudwei, rili klinwan nomo garram eni
bleim, en afta wen im meigim yumob jidan gudwei
lagijat, im garra deigim yumob langa imselp.
    Wal oni wanbala trubalawan God im jidan laibala,
en im na bin seibum wi garram Jisas Krais det
haibala Bos blanga wi.
    Wal God im brabli haibala, en im brabli shainiwan,
en im garram detmatj pawa, en im Bos blanga
ebrijing du. Bifo enijing bin jidan langa dijan kantri,
God bin jidan lagijat, en tudei na im stil jidan lagijat,
en im garra jidan lagijat igin olagija.

Langa Sekan Karinthiyans 13:13 im tok,
  Wal mi askim Jisas Krais det Bos blanga wi blanga
jidan brabli kainbala langa yumob, en mi askim God
blanga shoum yumob im laigim yumob, en mi askim
det Holi Spirit blanga jidan mijamet garram yumob du.

24. Maitbi det lida gin tok:
Wi gowei brom iya gudbinjiwei na,
  dumaji wi sabi God laigim wi,
  en wi sabi im San Jisas Krais laigim wi du.
**Yuwai. Wi gowei brom iya gudbinjiwei na,
  dumaji Jisas Krais im jidan garram wi.**

Mowa ting blanga Kristjan Pipul

Preya Blanga
Speshaltaim

Preya Blanga Speshaltaim

PREYA WEN PIPUL MAJURRUMAP MISELP BLANGA GOD

1. Blanga album ridim en yusum det Baibul raitwei

Kainbala God,
    yubin meigim det Baibul blanga
      titjimbat melabat.
Album melabat blanga irrim det wed brabliwei;
  blanga ridim, teiknodis,
    len en kipum insaid langa melabat hat.
Wulijim melabat garra jidan en weit
  en teiknodis blanga hau yu lukaftumbat melabat
    garram yu holiwan wed,
  en holdim en kipum brabli strongbalawei
    det pramis blanga det olagijawan laif;
  weya yubin gibit melabat thru Jisas Krais
    melabat Seibya.
Amin.

2. Preya afta Baibul riding bifo mesij

God yu brabli haibala,
  melabat gibit yu theingks blanga yu holiwan wed.
Larram det wed shain laiga lait langa melabat fut
  blanga shoum melabat det wei blanga bulurrum
    det rait roud,
  en meigim melabat laif jidan strongbala.
Langa neim blanga yu San Jisas Krais,
  Bos blanga melabat.
Amin.

3. Fes preya blanga binijimap feloship

Melabat Lod,
  yu go lida blanga melabat
    langa ebrijing weya melabat dum
      garram det kainbalawei blanga yu.
Yu album melabat tudei
  en olagijawan garram yu pawa,
  langa ebrijing weya melabat dum.
Yu album melabat meigim yu neim
  jidan brabli haibala.
Dumaji yu jidan kainbala en gudbala
  yu gibit melabat det olagijawan laif
    thru yu San Jisas Krais det Bos blanga melabat.
Amin.

4. Sekan preya blanga binijimap feloship

Ebribodi garra yusum bingga blanga gibit detlot ting langa det Kros.

Ol melabat trabul,
melabat gibit langa det Kros blanga Jisas.
Yuwai, melabat gibit langa Jisas.

Ol melabat wori,
melabat gibit langa det Kros blanga Jisas.
Yuwai, melabat gibit langa Jisas.

Ol detlot ting det dibuldibul bin dum,
melabat gibit langa det Kros blanga Jisas.
Yuwai, melabat gibit langa Jisas.

Ol detlot ting wanim melabat oldei wandim,
melabat gibit langa Jisas, det laibalawan.

Yuwai, melabat gibit langa Jisas.

Eni lida gin tok:

Wi gowei brom iya gudbinjiwei na,
   dumaji wi sabi God laigim wi,
   en wi sabi im San Jisas Krais laigim wi du.
**Yuwai. Wi gowei brom iya gudbinjiwei na,
   dumaji Jisas Krais, im iya garram wi.**

o, det pris gin tok:

Jisas Krais,
   det trubalawan san oldei shain langa yumob
      en im meigim det dakbalawan
         gowei brom yumob.
Yawei, hu garram ola pawa, album yumob
   en jidan garram yumob,
      tudei en olagijawan.
Amin.

5. Preya blanga stadimof naitaim preyataim

Deitaim bin gowei, en im gulijap naitaim na,
Wi garra prei garram wanbala hat en main.

6. Naitaim preya

Shainim yu lait langa melabat hat, Bos,
   melabat prei en askim yu blanga yu kainbalawei.
Maindimbat melabat wen ola trabul en deinja
      garra kaman en kipum melabat seif,
   dumaji yubin laigim yu oni San Jisas Krais,
   en melabat bilib en bulurrum im,
      melabat Bos en Seibya. **Amin.**

7. Ailibala Preya

Dedi la top,
  yu brabli haibala en yu na det olagijawan God.
Melabat gibit yu theingks
   dumaji yu kipum melabat seif
     garram det strongbala pawa blanga yu.

Melabat askim yu na blanga tudei,
  nomo larram melabat dum eni nogudbala ting.
Kipgon lidimbat melabat
   wulijim melabat garra oldei dum
     oni wanim yu reken im rait.
Tudei yu go lida en kipum melabat seif
   brom enikain trabul en deinja,
   thru Jisas Krais, melabat Bos.
Amin.

8. Gud Fraidei

Det tjetj lida gin yusum dijan preya langa Gud Fraidei sebis.

Kainbala God,
  yu na bin meigim ebribodi,
  en yu nomo heidim enijing weya yubin meigim,
  en yu nomo wandim nogudbala pipul garra dai,
  bat yu wandim ebribodi garra bulurrum Jisas Krais
     en jidan laibala olagijawan.

Jidan kainbala langa ol detlot pipul hu nomo sabi yu,
  en detlot hu nomo bilib Jisas Krais bin dai
     langa det kros.

Opinim olabat ai dumaji olabat blainwan,
   en olabat hat im adwan du,
   en olabat nomo wandim irrim yu wed.

Bringimbek olabat hom, kainbala Bos,
   wulijim melabat garra jidan wanbala pipul
      langa det gudwan stakmen,
         Jisas Krais, melabat Bos.

Im jidan Boswan deya garram yu,
   en garram det Holi Spirit, wanbala God,
   langa det olagijawan pleis.
Trubala!

9.   Ista Taim

Det tjetj lida gin yusum dijan preya langa Sandei sebis.

Haibala God, yubin bidim deth
   garram yu San Jisas Krais weya yu laigim brabli.
En yubin opinimap langa melabat det geit
   blanga det olagijawan laif
      garram det kainbalawei en gudbalawei
         blanga yu.
Meigim melabat jinggabat detlot ting deya
      langa top,
   dumaji yu garra kipgon albumbat melabat,
   wulijim melabat laif holbit garra tjeinj,
   thru Jisas Krais, melabat Bos,
      hu jidan Boswan deya garram yu,
         en garram det Holi Spirit, langa olagijawan lait.
Trubala!

10. Preya wen im gulijap Krismastaim

Det tjetj lida gin yusum dijan preya langa Sandei sebis.

Haibala God, hu garram ola pawa,
  yu meigim melabat gudbinji ebri yiya
  dumaji melabat jinggabat hau Jisas bin bon
    laiga beibi blanga melabat.
Melabat jidan gudbinji
  dumaji Jisas bin seibum melabat.
Meigim melabat redi blanga det taim
  wen Jisas garra kambek blanga kotim ebribodi,
  wulijim melabat garra gudbinji seimwei
    en trastim im holbit.
Thru Jisas Krais,
  hu jidan laibala Boswan deya garram yu,
  en garram det Holi Spirit;
  wanbala God, tudei en olagijawan.
Trubala.

PREYA WEN PIPUL ABUM TRABUL

11. Preya blanga rekonsiliyeishan

Preya blanga pipul hu heidim gija blanga jidan gud fren gija.

Boswan God,
   meigim ola pipul jidan trubalawei garram yu,
en meigim ebribodi laigim gija en nomo heidim gija.

Yubin meigim pipul laik yuselp.
Yubin gibit yu San Jisas blanga dai blanga melabat.

Boswan God,
   meigim ola pipul jidan trubalawei garram yu,
en meigim ebribodi laigim gija en nomo heidim gija.

Melabat holot jidan difrinwan pipul, en difrinwan
kantri, en toktok difrinwan langgus. Bat yubin gibit
melabat nyubala laif langa Jisas Krais en melabat
jidan wan bodi, wan tjetj, en wan pipul garram yu.

Boswan God,
   meigim ola pipul jidan trubalawei garram yu,
En meigim ebribodi laigim gija en nomo heidim gija.

God larramgo melabat fri, wulijim melabat garra
larramgo fri detlot pipul hu dumbat nogudbala ting
langa melabat, langa Jisas neim.
Amin.

12. Wen pipul agamin gija en abumbat trabul

Wanbala God,
   yu na bin meigim melabat femili
   en yu na bin pudum melabat langa dis komyuniti.
Nomeda melabat holot bin jidan bedfren blanga yu,
   yu stil laigim melabat detmatj Jisas bin gibit im laif
     blanga meigim pipul jidan gudfren blanga yu.

Bat yu sabi detlot agamin weya bin hepin iya.
Yu sabi ol detlot ting weya pipul bin tok
   en jinggabat en dumbat.
En yu sabi ol detlot filing weya pipul garram.

Album melabat blanga lisin gudwei
   en nomo heidimbat gija.
Jandim yu Holi Spirit,
   wulijim melabat holot garra wek mijamet
     en rispek gija en tok sori
     en laigim gija igin.

Larramgo fri [melabat] holot
   en album [melabat] jidan gudfren igin.
Langa Jisas neim,
   hubin dai langa det kros
     blanga meigim ola pipul jidan gudfren blanga yu.
Amin.

13. Blanga album pipul weya trabul kamat langa olabat

(brom Saam 57)

Dedi la top, main God,
  jidan kain langa melabat en sori langa melabat.
Yu sabi det trabul weya jidan olaran langa melabat
    en melabat oldei jidan brabli wikwan
    en nomo oldei jandap strongbala.
Melabat hendimoba det trabul langa yu bingga.

Main God, yu larram pipul luk yu brabli shainiwan
lait ebriweya langa dijan wel. Yu shoum pipul
ebriweya yu brabli haibalawan.
**Yuwai, yu shoum pipul ebriweya yu brabli
haibalawan.**

Maindimbat melabat en meigim melabat strongbala.
Yu kipum melabat seifwan brom deinja.
Yu kaman en album melabat,
    en lidimbat melabat thru langa detlot trabul
      weya im testimbat melabat brabli adbalawei.
Album melabat kipgon trastimbat yu.
Trubala, album melabat trastimbat yu.

Main God, yu larram pipul luk yu brabli shainiwan
lait ebriweya langa dijan wel. Yu shoum pipul
ebriweya yu brabli haibalawan.
**Yuwai, yu shoum pipul ebriweya yu brabli
haibalawan.**
Amin.

14. Blanga detlot hu fil sheim

(brom Saam 51)

Main God,
   yu na brabli kainbala en brabli gudbala,
   en yu kaan neba stap laigimbat mi.
Dumaji yu laigim mi detmatj,
   mi askim yu blanga rabumat
     ol detlot nogudbala ting aibin dumbat.
Trubala, aibin dum rong ting,
   en mi sori miselp nomo lilbit.

Main God,
   oni yu na gin larramgo mi fri
     brom main nogudbalawei.
Mi brabli sori, en nomo jidan praudbala enimo.
Ai wandim main laif garra jidan laiga gudwan
   sekrifais blanga yu.

Deigidawei ol main nogudbalawei,
   en washim mi klin,
   en ai garra jidan klin.
Meigim mi nyu insaid,
   en meigim mi gudbinji laik aibin jidan basdam
     wen yubin seibum mi.

Blanga tharran na,
   nomo deigidawei yu Holi Spirit brom mi,
   bat album mi ebridei jidan raitwei
     en blanga meigim yu gudbinji,
   langa Jisas neim. **Amin.**

15. Wen sambodi jidan giltiwan o wori miselp

(Brom Saam 139)

God yu brabli kainbala
  en yu laigim mi detmatj.
Yubin luk insaid main hat,
  en yu sabi ebrijing weya mi dum en jinggabat.
Yu sabi ebrijing blanga mi brabliwei.
Mi sori blanga dijan ...

  [detlot ting weya aibin dumbat]

Yu larramgo mi fri brom main nogudbalawei
  en yu lidim mi
    wulijim ai garra wok langa det olagijawanwei.
Album mi blanga trastimbat yu
  en blanga sabi yu oldei lukaftumbat mi,
    olagijawan,
  langa Jisas neim, main Bos en Seibya.
Trubala.

16. Preya blanga gudwan filing

Dedi God,
   melabat prei blanga pipul
     en blanga dijan wel.
Jisas Krais, yu na det brabli Boswan.
Yu Bos langa pipul en langa dis wel du.
Yu gibit melabat det gudwan filing blanga yu
   insaid langa melabat hat.
Yu album melabat garram yu Holi Spirit
   blanga jidan brabliwei langa dijan wel
   en blanga sabi det gudbalawei blanga yu.
En yu deigidawei det nogudbalawei
   blanga melabat weya im meigim melabat
     nogud insaid langa melabat hat.
Melabat preya langa Jisas neim. **Amin.**

17. Preya blanga opinimap enikain miting

Dedi God,
   wen melabat majurrumap miselp holot
     melabat sabi yu iya garram melabat.
Bilimap melabat garram yu Holi Spirit.
Yu kipgon albumbat melabat blanga irrim gija,
   en toktok det trubalawei en jidan gudbinjiwei.
Album melabat langa dijan miting
   blanga meiksho dis miting go raitwei
     wulijim yu garra gudbinji
       en pipul garra sabi yu brabliwei,
   thru Jisas Krais, det Bos blanga melabat. **Amin.**

18. Blanga wi kemp

Dedi God
  yu maindimbat melabat kemp en femili.
Yu albumbat melabat jidan gudwei
  en yu deigidawei ola nogudbala ting longwei
  en yu jandim yu einjul blanga wotjimbat
    melabat gudwei.
Amin.

19. Jadj en kothaus

Dedi langa Top,
  yu na det kainbalawan en det gudbalawan.
Yu San Jisas Krais, melabat Bos,
  bin tok im na trubalawan weya gibit laif.
Wal, dumaji yu Bos blanga ebrijing,
  gibit detlot jadjis gudbala main
    blanga jinggabat raitwei
  en yu album olabat sabi wanim trubala.

Meigim olabat irrim
  en lukaftumbat pipul gudbalawei,
  en meiksho ola jadjis en blijimanmob
    bulurrum det lowa gudwei en raitwei,
    wulijim ebribodi garra abum feyago.
En album olabat sabi yu
  en jinggabat yu gudbalawei garram olabat laif,
    langa Jisas neim.
Amin.

20. Femili hu nomo iya garram wi

Dedi God,
  melabat iya na, bat melabat femili jidan longwei.
Nomeda olabat longwei burrum melabat
  bat meigim olabat sabi yu deya garram olabat.
Yu maindimbat olabat en nomo larram enijing
  ardimbat olabat.

Lukaftumbat olabat
  en meigimbat olabat strongbala
    wen dei abumbat adtaim.
Album olabat luk langa yu en blanga trastimbat yu.
Blanga tharran na,
  melabat gibit olabat langa yu bingga,
  langa Jisas neim.
Amin.

PREYA BLANGA SAMBODI HUBIN ABUM EKSIDEN O GARRA GO LANGA HOSPEL

21. Detlot hu wori miselp brabliwei

God, yu brabli kainbala
  en yu laigim [*olabat hubin abum eksiden*] detmatj.
Yu sabi ola wori blanga [*olabat femili*].
Yu album [*detlot hubin abum eksiden*]
    blanga trastimbat yu,
  en meigim [*olabat*] sabi yu laigim [*olabat*]
  en sabi yu lukaftumbat [*olabat*].
Yu album [*olabat*] oldei jinggabat ol detlot ting
  weya jidan trubala, langa Jisas neim.
Amin.

22. Preya blanga sambodi hubin abum eksiden

Bos,
  melabat sabi yu laigim melabat
  en langa yu bingga na melabat holot jidan.
Wi gibit yu ola ebrijing weya im stapambat melabat
  burrum trastimbat yu;
  ola ting weya meigimbat melabat wori
  en ola pein en ebrijing
    weya meigimbat melabat sik.
Larram yu Holi Spirit kaman gulijap
  langa melabat na
  en langa [*neim*] hubin abum eksiden.
Melabat askim yu langa Jisas neim.
Amin.

23. Fes preya blanga sambodi hu garra abum opereishan

(luk Romans 8)

Dedi la top,
  melabat jingat langa yu,
  dumaji yu oldei irrim melabat,
  en yu lukaftumbat melabat brabliwei.

Yu jidan gulijap langa [*neim*],
  hu garra abum opereishan.
Album im sabi yu brabliwei,
  dumaji yu sabi im insaidwei.
En melabat sabi
  nomo enijing kaan kadimat [*neim*] brom yu
    dumaji yu laigim im thru Jisas Krais,
    det Bos blanga melabat.
Album im blanga libum ola wori
  en pein langa yu Dedi.
Album im blanga jidan strongbala igin,
  nomo blanga bradin,
  dumaji yu jidan gulijap langa im olataim.
Yu album detlot doktamob en nesmob blanga
  lukaftumbat im gudwei.
Melabat askim yu thru langa Jisas neim.
Amin.

24. Sekan preya blanga sambodi hu garra abum opereishan

God,
   yu sori langa melabat en yu kain langa melabat.
Yu oldei albumbat en jidan gulijap langa melabat.
Yu kipum dijan [*sista / braja*] strongbala
   en albumbat im,
   en larram im sabi yu deya gulijap langa im.

Yu album detlot dokta en sistamob
   blanga lukaftumbat im gudwei.
En yu album im blanga jidan nomo bradin,
   dumaji yu jidan langa im olataim,
   langa Jisas neim.
Amin.

25. Fes preya blanga sambodi hu garra go langa hospel

Dedi God,
   nomeda wujei melabat go, yu kaan libum melabat.
Blanga tharran na, melabat askim yu,
   nomo libum [*neim*] hu garra go langa hospel.
Kaman gulijap langa im garram yu Holi Spirit
   dumaji wen yu kaman gulijap langa melabat,
      melabat fil gudbinji en seifwan.
Yu deigidawei det pein en siknis brom [*neim*]
   en album im blanga sabi
      yu na garram gudwan plen blanga im laif.
Meigim im gudbinji blanga bulurrum yu trubalawei.

...

Melabat askim yu blanga yu Holi Spirit
  blanga jidan langa ola doktamob
  en nesmob bingga
  blanga lukaftumbat im gudbalawei,
    langa Jisas neim.
Amin.

26. Sekan preya blanga sambodi hu garra go langa hospel

(brom Saam 23 en 25)

Yawei,
  yu na det Boswan.
Mi trastimbat yu na, main God.
Ebridei yu garra meigim mi jidan strongbala
Nomo larram mi jidan brabli sikwan
  dumaji yu na, Bos blanga laif.
Yubin bidim det greib,
  en mi askim yu langa bidim dijan siknis du.

Yu sabi ai garra go langa hospel.
Yu album detlot dokta en nesmob
  blanga lukaftumbat mi gudwei.

Jandim yu Holi Spirit
  en meigim mi strongbala igin,
    wulijim ai kaan bradin.
Yu na det wanbala God, garram ola pawa
  en mi oldei trastimbat yu olagijawan!
Amin.

27. Wen sambodi wandim jidan strong igin afta opereishan

Haibala God,
  yu album [*neim*] en meigim im strongbala.
Melabat gibit theingks blanga
  ola wekinmen en wekingel
    hu oldei albumbat ola pipul hu jidan sikwan.
Yu kipgon meigimbat [*neim*]
  jidan strongbala.
Album im jinggabat gudbalawei
  en nomo blanga wori miselp enimo,
  langa Jisas neim.
Amin.

28. Preya blanga det femili dumaji olabat labwan garra dai

Dedi God,
  melabat prei blanga dijan femili
    dumaji olabat [*braja / sista*] garra libum olabat.
Album olabat laigim gija en nomo heidimbat miselp.
Yu jidan kainbalawei langa dijan femili
  en jandim yu Holi Spirit blanga lukaftumbat olabat,
  en yu meigim olabat jidan gudbalawei en
    trastimbat yu.
Meigim olabat strongbala blanga kipgon bulurrum
  det wei blanga yu;
  langa Jisas neim.
Amin.

29. Preya blanga detlot femili weya olabat labwan bin dai

Dedi God,
  tudei melabat jinggabat ola femilimob
    hubin lujim olabat [labwan / braja / sista].
Melabat askim yu blanga jandim yu Holi Spirit
  blanga album ol detlot femili
  hu abumbat sedtaim en sori bisnis.
Jidan gulijap langa olabat na,
  en album olabat blanga oldei jinggabat yu
  en trastimbat yu.

Melabat gibit theingks dumaji melabat kaan jidan
    dedbala olagija,
  dumaji Jisas bin dai
    en imbin gidap laibala brom dedbala
    en im garra kambek igin.
Blanga tharran na, ebriwan hu bilib
  dei garra abum det nyuwan laif.

Yu maindimbat olabat femilimob
  en meigim olabat jidan strongbala
  en yu gibit olabat det gudbala filing blanga yu
    wulijim olabat garra trastimbat yu;
      tudei en olagijawan.
Amin.

Sebis blanga Odein
(Dikin en Pris)

Sebis blanga Odein
(Dikin en Pris)

Dijan sebis mas garra abum bishap.

Langa dijan sebis, if det redwan raiting tok 'lida', det dikin o eni tjetj lida gin dum, bat wen det raiting tok 'bishap', oni det bishap gin dum det pat.

Langa dijan sebis, wen yu luk skweya brekit laik [neim], o [olabat] im min det lida garra jinggabat det wed en tok raitwei. Maitbi im gin yusum det neim blanga det sambodi, o im gin tok 'yu', o wen bigmob odein im garra tok 'yumob' o 'olabat'.

MAJURRUMAP PIPUL BLANGA GOD

Det bishap garra welkam langa ebribodi.

1.   Det bishap garra tok:

Det Bos, im iya garram wi.
Yuwai, im iya garram wi.

Wi majurrumap miselp iya langa Yawei det trubala God!

2.   Sing sambala song blanga preisim God. ♫♫♫

3.   Det lida garra tok dijan bes, o najawan bes brom Baibul.
Langa sebis blanga odein dikin:

Langa Eks tjepta 6:

Wal detlot bilibamob bin pikimat detlot sebenbala men na, en deibin bringimap olabat langa detlot speshalwan mishanri, en deibin pudum bingga langa olabat, en deibin prei blanga olabat.

(Eks 6:6)

O, langa sebis blanga odein pris, det lida garra tok dijan bes o Methyu 9:36:

Langa Ifishans tjepta 4:

Wal Jisas Krais na bin gibit pawa langa im ronwan pipul olabat blanga dum im wek. Im pikimat wujan pipul im garra meigim jidan speshalwan mishanri, en wujan pipul garra jidan speshalwan mesinja, en wujan pipul garra dalimbat det gudnyus langa ebribodi, en wujan pipul garra lukaftumbat ola Kristjan pipul en titjimbat olabat.

Wal Jisas Krais bin pikimat ola Kristjan pipul lagijat blanga meigim olabat redi blanga wek blanga im, en wen wi ol wek blanga im, im meigim wi holot jidan strongbalawei.

(Ifishans 4:11–12)

4.   *Det lida garra tok:*

Wal God, im sabi wi insaidwei,
  en im sabi wi nomo bin bulurrum im brabliwei.
Bat God im brabli kainbala, en im brabli gudbala,
  en im oldei wandim larramgo wi fri.

Blanga tharran na wi garra prei mijamet na,
  en tok sori langa im:
Dedi God, yu na det brabli kainbalawan.
Yubin meigim melabat,
  en yu garra kotim melabat bambai.
Melabat bin dum nogudbala ting langa yu,
  hau melabat jinggabat en tok
  en wanim melabat bin dum.
En melabat nomo bin dum
  wanim yubin wandim melabat blanga dum.

Melabat nomo bin laigim yu brabliwei garram
  melabat laif holbit.
Melabat nomo bin laigim ola najalot pipul laik
  melabat laigim miselp.

Blanga Odein

146

**Melabat sori blanga detlot nogudbalawei blanga
melabat,
en melabat kaan jinggabat detkain eni mowa.
Dedi, larramgo melabat fri.
Meigim melabat strongbala
blanga laigim yu
en blanga dum wanim yu wandim melabat
blanga dum
langa det nyubalawei,
thru Jisas Krais, det Bos blanga melabat.
Amin.**

5.   *Det bishap garra jandap blanga tok:*

Yawei,
oni im na det trubala God
weya garram ola pawa,
en im pramis blanga larramgo fri
detlot pipul hu bilib langa im.
Im larramgo yu fri
brom yu nogudbalawei.
en im na garra meigim yu jidan strongbala
en gibit yu det olagijawan laif. **Amin.**

6.   *Sing det Gloriya, o najawan song blanga preisim God.* ♫♫♫

Afta, det bishap garra tok:

Strongbala God,
ebri gudwan ting weya melabat abum
bin kaman brom yu.
Yu Holi Spirit bin pikimat pipul
blanga dum det wek blanga lukaftumbat yu pipul.

Blanga Odein

Gibit yu blesing langa [*dijan / dismob*] iya,
   hu yubin pikimat blanga dum det wek blanga
      [*dikin / pris*].

Meigim [*im / olabat*] tok trubalawei oldei
   en meigim [*im / olabat*] dum rait ting oldei
   wulijim [*im / olabat*] garra jidan strongbala
      blanga dumbat det rait ting oldei,
   en wulijim im kaan neba gibap det wek
      blanga yu.

Melabat askim yu blanga dum lagijat
   wulijim ebribodi garra preisim yu neim
   en wulijim yu pipul holot gin jidan strongbala.

Ol dislot ting melabat askim yu Dedi,
   thru langa Jisas Krais, melabat Bos,
   dumaji im laibala garram yu en yu Holi Spirit,
   wanbala God olagijawan.
Trubala.

WED BLANGA GOD

7.   *Sambodi garra ridimat stori brom det Holi Baibul.*

Afta ebri riding, det rida garra tok:

Irrim det wed blanga wi God,
Wi gibit theingks langa im.

8.   *Det bishap o lida garra tok det mesij brom detlot Baibul*
riding iya.

Wi garra tok mijamet wanim wi bilib:
Wi bilib langa wanbala God,
     im na det Dedi, weya garram ola pawa.
  Imbin meigim hebin, en dijan graun.
  Imbin meigim ebrijing weya wi gin luk
     en ebrijing weya wi kaan luk du.

Wi bilib langa wanbala Bos, Jisas Krais.
  Im na det oni San blanga God.
  Bifo enijing bin jidan,
     imbin jidan garram Dedi God,
     en im kipgon jidan olagijawan.
  God brom God, Lait brom Lait
     trubala God brom trubala God.
  Imbin deya garram Dedi God, olataim.
  Imbin oldei det San blanga God;
     God nomo bin meigim im.
  Dumaji im God, seim laik im Dedi.
  En thru det San na, Dedi God bin meigim ebrijing.

  Imbin kamdan brom hebin
     blanga jidan garram wi, en blanga seibum wi.
  Blanga tharran na det Holi Spirit bin kaman
     en jidan langa Meri
     en bambai Jisas bin bon.
  Blanga wi na,
     Jisas bin gibit miselp blanga go thru
        langa det trabul:

wen Panshas Pailat bin det lida,
deibim neilimap Jisas langa det kros.
Deya na imbin dai
en afta, deibin pudum im langa det greib.

Thrideistaim Jisas bin gidap laibala
laik ola speshalwan mesinja blanga God
bin tok longtaim;
en imbin gowap langa hebin
weya im jidan raitensaid langa Dedi God.
Im garra kambek igin
garram im shainiwan lait en detmatj pawa,
blanga kotim ebribodi;
detlot pipul hu jidan laibala,
en detlot pipul hubin dai du.
En afta, Jisas garra jidan Bos, olagijawan!

Wi bilib langa det Holi Spirit,
det Bos, weya gibit wi laif,
hubin kaman brom det Dedi en det San.
Garram det Dedi en det San,
wi garra weship en libdimap im neim
brabli haibala.
Det Holi Spirit bin tok thru langa detlot
speshalwan mesinja brom God.

Wi bilib God bin meigim Kristjan pipul
jidan wanbala nyukurrwan tjetj olagijawan,
hubin kaman brom detlot aposul.
Wi bulurrum oni wanbala beptisim
weya God larramgo fri detlot pipul brom olabat
nogudbalawei.

Wi weidabat blanga det taim wen God garra
  meigim pipul gidap laibala brom dedbala
 en wen wi garra jidan olagijawan
    langa det nyubala hom weya kaan neba binij.
Trubala.

11. Sambala tjetj lidamob garra jandap lida, wansaid
langa [detlot] hu garra odein en dei tok langa det bishap:

[*Neim*], yu na bishap blanga det tjetj blanga God,
  iya na [*dislot pipul / neim / dis dikin*],
  hu yu garra odein
    blanga dum det wek blanga [*dikin / pris*]
      langa God tjetj.

Det bishap garra askim olabat:

Yumob garra dalim melabat
  if [*neim / dislot pipul*] sabi God
    brabliwei en bulurrum det wei blanga im;
  wulijim [*im / olabat*] garra dum det wek
    blanga [*dikin / pris*] raitwei,
  en wulijim ebribodi garra preisim God.

Det tjetj lida mob garra ensa:

Melabat bin faindat blanga [*im / olabat*].
Melabat bin askim ol detlot pipul hu sabi
  blanga [*im / olabat*] laik detlot pipul
    hubin album [*im / olabat*] jidan redi blanga odein
  en melabat sabi brabliwei [*im / olabat*] na
    det raitwan blanga dum det wek.

Braja en sista,
   yumob sabi det wek blanga [*dikin / pris*]
      im brabli speshalwan.
Wibin irrim blanga [*neim / dislot*],
   [*im / olabat*] raitwan blanga dum det wek.
Bat if enibodi iya sabi eni stori
      blanga [*im / wanbala iya*],
   wulijim ai kaan odeinim [*im / det sambodi*]
      wal yu garra jingat na, en dalim mi.

TAIM BLANGA PREYA

12.   *Det lida garra tok:*

Wal wi garra abum speshalwan preya blanga [*neim*]
hu garra odein [*dikin / pris*].

God det Dedi,
   jidan kainbala langa melabat.
God det San,
   jidan kainbala langa melabat.
God det Holi Spirit,
   jidan kainbala langa melabat.
Holi Triniti, wanbala God,
   jidan kainbala langa melabat.

Gudbala God, melabat jidan lobala, en askim yu
blanga irrim melabat preya.

Blanga Odein

Ebritaim ai tok 'Kainbala God, yu irrim melabat preya', ebribodi garra ensa: 'Yuwai, irrim melabat preya.'

Kainbala God, yu irrim melabat preya.
Yuwai, irrim melabat preya.

Larramgo fri yu pipul brom olabat nogudbalawei
   en meigim melabat holot
     jidan kainbala en gudbala
   en meigim det frut blanga yu spirit
     jidan langa melabat mowa en mowa.

Kainbala God, yu irrim melabat preya.
Yuwai, irrim melabat preya.

Jandim det trubalawei blanga yu la dijan wel,
   jis laik yubin jandim yu ronwan San
     blanga tjeinjim pipul
   wulijim melabat gin jidan fren blanga yu.

Kainbala God, yu irrim melabat preya.
   Yuwai, irrim melabat preya.

Jandim det hiling pawa blanga yu wen yu tjetj
   nomo jidan gudwei mijamet,
   blanga meigim melabat jidan wanbala,
   wulijim pipul ebriweya garra bilib.

Kainbala God, yu irrim melabat preya.
Yuwai, irrim melabat preya.

Go lida langa detlot Kristjan pipul ebriweya
   en album olabat dum gudwei
      ol det wek weya yubin gibit olabat blanga dum
   wulijim olabat garra wek blanga yu trubalawei
   garram olabat laif holot.

Kainbala God, yu irrim melabat preya.
Yuwai, irrim melabat preya.

Pikimat strongbala ministamob hu bilib langa yu
   strongbalawei, blanga go lida blanga yu tjetj,
   wulijim pipul ebriweya garra sabi
      det gudnyus blanga yu.

Kainbala God, yu irrim melabat preya.
Yuwai, irrim melabat preya.

Bilimap ola ministamob
   garram det kainbalawan filing
   en album olabat jidan nomo garram
      det praudbala filing,
   wulijim olabat garra lukaftumbat
      yu pipul brabliwei.

Kainbala God, yu irrim melabat preya.
Yuwai, irrim melabat preya.

Meigim ola bishap, pris en dikin sabi hau
      yu laigim pipul detmatj,
   wulijim olabat garra jidan hanggriwan
      blanga det trubalawei blanga yu
      garram ola bilibamob ebriweya.

Kainbala God, yu irrim melabat preya.
Yuwai, irrim melabat preya.

Blesim [*neim / dislot pipul*],
   hu jidan *wekinmen / wekingel* blanga yu
   en garra odein [*dikin / pris*].
Spilim yu kainbalawan pawa langa [*im / olabat*],
   wulijim im garra dum det wek yubin gibit im
      brabliwei.
Meigim [*im / olabat*] strongbala
   wulijim [*im / olabat*] garra meigim
      strongbala yu tjetj,
      en gibit det theingks en preis oni langa yu neim.

Kainbala God, yu irrim melabat preya.
Yuwai, irrim melabat preya.

Jandim yu Holi Spirit blanga jidan insaidwei
   langa ola wekinmen en wekingel
      hu jidan odein blanga yu tjetj.
Meigim olabat strongbala en album olabat kipgon
   raidap langa det binijimap taim.

Kainbala God, yu irrim melabat preya.
Yuwai, irrim melabat preya.

Majurrum melabat, garram ola bilibamob longtaim,
   langa det nyubalawei, olagijawan.

Kainbala God, yu irrim melabat preya.
   Yuwai, irrim melabat preya.

Olagijawan God,
  yubin pramis blanga irrim detlot pipul
    hu prei langa det neim blanga yu San.
Wal, dumaji melabat trastim yu Dedi,
  gibit melabat oni detlot ting weya
    midap garram det plen blanga yu.
Melabat askim thru langa Jisas Krais,
  melabat Bos. **Amin.**

13.   *Lod Preya gin go iya o bambai langa ¶26.*

DET WEK BLANGA DIKIN

14.   *Det bishap garra tok langa detlot hu garra odein dikin*
adbala, wulijim ebribodi gin lisin:

Wi Bos, Jisas Krais, hubin seibum wi,
  imbin jidan jis laiga wekinmen blanga God
    wen imbin dum im wek iya langa dis wel,
  en wen imbin dai langa det kros.
Ebribodi hu bulurrum im,
  garra jidan jis laiga wekinmen blanga God du.
Wi garra dum det wek iya langa dijan wel,
  blanga spredimat det gudnyus blanga Jisas,
    en det Holi Spirit garra album wi blanga dum.

Jisas Krais bin pikimat [*yu / yumob*]
  blanga dum det wek blanga dikin.
[*Yu / yumob*] garra jidan mesinja blanga Jisas Krais,
  en wen [*yu / yumob*] album pipul,
    o tok langa pipul,

156

im jis laik God imselp albumbat
   o toktokbat langa olabat thru [*yu / yumob*].
[*Yu / yumob*] garra dalim det gudnyus ebriweya,
   blanga hau God im laigim dis wel detmatj
      wulijim loda pipul gin tjeinjim olabat laif,
   en wandim gibit feyago langa najalot pipul
   en meigim miselp lobala
      bulurrumbat en jidan gulijap langa God.

[*Yu / yumob*] garra shoum pipul ebriweya
   la dis komyuniti hau Jisas Krais laigim
      olabat brabliwei
   en im tjeinjim ola ebrijing.
[*Yu / yumob*] garra meigim Kristjan pipul
   jidan strongbalawei.
[*Yu / yumob*] garra titjimbat yang pipul.
[*Yu / yumob*] garra lukabat blanga pipul
   hu nomo sabi God brabliwei.
[*Yu / yumob*] garra shoum ola Kristjan pipul
   hau blanga dum ol dislot ting,
   wulijim dei gin dumbat dislot ting du.
[*Yu / yumob*] garra album sikwan pipul,
   powan pipul,
   en pipul hu abum enikain trabul.

Garram mi, en ola najalot minista en ola pipul,
   [*yu / yumob*] garra joinap langa tjetj sebis
      en feloship.
[*Yu / yumob*] garra album det pris
   garram Holi Komyunyan
   en blanga beptaisimbat pipul.

Garram yu bishap en detlot najalot minista,
  [*yu / yumob*] garra joinin langa ola
    impotanwan tjetj miting.
[*Yu / yumob*] garra kipgon dalimbat
  det wed blanga God
    langa dijan pleis weya yu abum laisens,
  en [*yu / yumob*] garra kipgon preipreibat
  en dumbat wek,
  wulijim ebribodi garra jidan gudbalawei
    langa dijan wel.

Ai garra odein [*yu / yumob*] dikin dregli.
Brom deya [*yu / yumob*] garra oldei
  bulurrum God wed langa ebri pat
    blanga [*yu / yumob*] laif.
[*Yu / yumob*] garra kipgon stadimbat God wed
  langa Baibul
  en jinggabat wanim det mining
    garram ola Kristjan pipul,
  wulijim olabat garra sabi brabliwei
    hau blanga bulurrum God.
Enijing weya nomo album wi bulurrum Jisas
  brabliwei wal, [*yu / yumob*] garra libum na.

[*Yu / yumob*] garra oldei kipgon preipreibat,
  wulijim God garra meigim [*yu / yumob*] jidan
    strongbala blanga kipgon dumbat im wek.
Orait, wal [*Yu / yumob*] garra gibit ensa
  langa dislot kwestjan na,
  wulijim ebribodi garra sabi [*yu / yumob*]
    wandi dumbat det wek brabliwei,

en wulijim [*yu / yumob*] garra jidan strongbala
   blanga dum det wek.
Mi askim [*yu / yumob*] na,
   langa det neim blanga God
   en blanga im tjetj.

DET WEK BLANGA PRIS

15.   Det bishap garra tok langa detlot hu garra odein pris
adbala, wulijim ebribodi gin lisin:

Wi Bos Jisas Krais wandim wi holot
   blanga duwit en teiknodis langa im
   en blanga bulurrum im brabliwei.
Wen wibin beptais, God bin meigim wi jidan jis laiga
   speshalwan serramonimen
      blanga Jisas Krais det King,
   en imbin meigim wi im ronwan pipul,
   wulijim wi garra spredimat ebriweya
      det gudnyus blanga Jisas.

God en im tjetj bin pikimat [*yu / yumob*]
   blanga dum det wek blanga pris,
   blanga lukaftumbat ola Kristjan pipul
      laiga stakmen en titjimbat olabat.
Wulijim ola pipul blanga God garra jidan strongbala
   en wulijim ebribodi garra preisim God brabliwei.
Imbin jingat langa [*yu / yumob*]
   en tudei na yu gibit im ensa.
[*Yu / yumob*] sabi dis wek im brabli bigwan ting.

Mi na dalim [*yu / yumob*] strongbalawei,
  langa det neim blanga Krais,
  blanga stadimap dis wek
    gudbinjiwei en gibit miselp holbit.
[*Yu / yumob*] mesinja blanga God.
[*Yu / yumob*] garra spredimat det gudnyus
  blanga Jisas Krais.
Lukabat detlot pipul hu nomo sabi Jisas,
  dalimbat pipul God oldei gibit feyago langa
    ebribodi bat im garra kotim ebribodi du,
  wonim en streitinimap enibodi hubin libum
    det trubala wed.

[*Yu / yumob*] garra bildimap ola Kristjan pipul
  en album olabat jidan strongbala.
Dalimbat olabat det wed blanga God,
  album olabat preipreibat,
  dalim olabat God garra larram olabat go fri
    brom olabat nogudbalawei wen dei sori,
  gibit olabat det gudbala wed brom God
    blanga meigim olabat jidan gudwei.

[*Yu / yumob*] garra beptaisim pipul
  en lidim det Holi Komyunyan brabliwei,
    blanga album ebribodi jinggabat God
      im brabli kainbala.
Garram [*yu / yumob*] bishap
  en detlot najalot minista,
    [*yu / yumob*] garra joinin langa ola
      tjetj kaunsel miting.

[*Yu / yumob*] laiga stakmen,
  en [*yu / yumob*] garra dum det stakmen wek
    seimwei laik wi nambawan stakmen;
  Jisas bin gibit miselp blanga dai blanga im ship.
[*Yu / yumob*] garra titjimbat God pipul
  en [*yu / yumob*] garra larram Jisas
    jidan [*yu / yumob*] titja na,
  wulijim [*yu / yumob*] garra jidan klinbala
    en sabibala.

Lidim ola pipul blanga God
  dumaji [*yu / yumob*] wekinmen blanga Krais.
Yu garra laigim pipul brabliwei weya yu dum det wek
  en kipgon jidan wekinmen blanga olabat,
    nomeda dei yangwan o olwan,
    nomeda dei powan o ritjwan,
    nomeda dei strongwan o wikwan.

Yu kaan foget ol detlot Kristjan pipul
  dei brabli nyukurrwan en [*yu / yumob*] garra
    lukaftumbat olabat brabliwei,
  dumaji olabat brabli speshalwan blanga Krais.

Det tjetj im laiga waif blanga Jisas,
  en det tjetj na, im det bodi blanga Jisas du.
Imbin weistim im blad blanga baiyimbek wi.

[*Yu / yumob*] garra gibit ensa langa God
  blanga [*yu / yumob*] wek.
If eni Kristjan pipul buldan
  dumaji [*yu / yumob*] bin slekbek o gibap,

wal, [*yu / yumob*] sabi im brabli nogudbala ting
  en God garra kotim [*yu / yumob*].
Blanga tharran na, [*yu / yumob*] garra dum
  det wek brabliwei,
 en [*yu / yumob*] garra jinggabat
  hau Jisas bin dum det wek
 en [*yu / yumob*] garra dum lagijat du.

Tjakidawei ola enijing weya nomo
  album [*yu / yumob*] jidan klinbala insaidwei,
  dumaji God im brabli kainbala langa [*yu / yumob*].
  en det Holi Spirit im deya garram [*yu / yumob*] du.
Meigim yuselp lobala, kipgon preipreibat,
  yu garra ridimbat Baibul
  en jidan garram Kristjan pipul
  blanga jinggabat detlot mining,
  wulijim [*yu / yumob*] gin sabi wanim Krais
  wandim [*yu / yumob*] blanga dum langa yu laif
   en langa yu wek.
Melabat sabi brabliwei [*yu / yumob*] olredi bin
  jinggabat ol dislot ting.

Orait, wal yu garra gibit ensa
  langa dislot kwestjan na,
  wulijim ebribodi garra sabi yu wandi
   dumbat dislot wek brabliwei,
  en wulijim yu garra jidan strongbala
   blanga dum dis wek.
Mi askim yu na,
  langa det neim blanga God en blanga im tjetj.

DETLOT PRAMIS BLANGA DIKIN

Trubala, [*yu / yumob*] bilib God Holi Spirit bin pikimat yu blanga dum det wek blanga dikin, langa det wei weya Jisas Krais bin tok en hau wi dumbat langa wi Enggliken Tjetj?

[Neim]:

Yuwai, trubala ai bilib God bin pikimat mi lagijat.

Trubala, [*yu / yumob*] bilib det Holi Spirit bin gibit wi det Oltestaman en Nyutestaman blanga shoum wi ol det difrinwan ting weya God bin pramisim wi, dumaji imbin jandim wi Bos Jisas Krais blanga seibum wi? **Yuwai, trubala ai bilib.**

[*Yu / yumob*] garra dum det wek langa tjetj sebis, blanga ridimbat Holi Baibul, en yu garra albumbat det minista titjimbat ebribodi det trubalawei blanga Jisas, en yu garra albumbat det minista garram Holi Komyunyan en blanga beptaisimbat pipul? **Yuwai, ai pramis blanga dum en mi askim God blanga album mi.**

[*Yu / yumob*] garra kipgon preipreibat en kipgon lenlenbat brom det Baibul? En [*yu / yumob*] garra kipgon dum enikain stadi blanga album yu dumbat det wek blanga God gudbalawei? **Yuwai, ai pramis blanga dum en mi askim God blanga album mi.**

Blanga Odein

[*Yu / yumob*] garra kipgon bulurrum Jisas Krais, garram ebri pat blanga yu laif, en yu garra album yu femili blanga jidan seimwei?
Yuwai, ai pramis blanga dum
en mi askim God blanga album mi.

[*Yu / yumob*] garra kipgon askimbat det Holi Spirit blanga album yu yusum det pawa weya imbin gibit yu blanga jidan wekinmen blanga ebribodi garram yu wed en yu ekshan?
Yuwai, ai pramis blanga dum
en mi askim God blanga album mi.

[*Yu / yumob*] garra kipgon album ola Kristjan pipul blanga jidan wanbala pipul gudwei, en blanga laigim gija brabliwei, en blanga dumbat det wek weya God wandim olabat blanga dum?
Yuwai, ai pramis blanga dum
en mi askim God blanga album mi.

[*Yu / yumob*] garra kipgon spredimat det gudnyus blanga wi Bos Jisas Krais langa dis wel, en yu garra kipgon dumbat wek blanga album pipul dumbat wanim im rait en blanga gibit feyago?
Yuwai, ai pramis blanga dum
en mi askim God blanga album mi.

[*Yu / yumob*] garra bulurrumbat det lowa blanga Enggliken Tjetj blanga Australia, en yu pramis blanga teiknodis langa yu bishap en enibodi hu jidan bos blanga yu langa wi tjetj?

Yuwai, ai pramis blanga dum en mi askim God blanga album mi.

Det bishop garra prei:

Dedi God, yubin meigim dijan [*wekinmen / wekingel*] wandim dum dis wek. Meigim [*im / olabat*] strongbala blanga kipum ol detlot pramis, dumaji yu oldei jidan kainbala langa melabat. **Amin**.

Det bishop na garra tok langa ebribodi:

Orait, yumob bin irrim wanim wi [*sista / braja*] bin pramis. Yumob gudbinji blanga [*im / olabat*] garra dum det wek blanga dikin?
Yuwai, melabat brabli gudbinji blanga im.

Yumob pramis blanga album [*im / olabat*] dum det wek?
Yuwai, melabat pramis blanga dum en melabat askim God blanga album melabat.

DETLOT PRAMIS BLANGA PRIS

17.   *Det bishop garra askim dislot kwestjan:*

Trubala [*yu / yumob*] bilib God Holi Spirit bin pikimat [*yu / yumob*] blanga dum det wek blanga pris, langa det wei weya Jisas Krais bin tok en hau wi dumbat langa wi Enggliken Tjetj?

[neim]:

Yuwai, trubala ai bilib God bin pikimat mi lagijat.

Blanga Odein

[*Yu / yumob*] bilib strongbalawei det Holi Baibul garram ebrijing wi garra sabi wulijim God gin seibum wi wen wi bilib langa Jisas Krais? En yu pramis blanga titjimbat brom Baibul ola pipul weya yu dum det wek blanga pris? En yu pramis yu kaan dalim olabat dei garra dum enijing blanga seibum miselp oni if yu gin luk det enijing deya langa Baibul?
Yuwai, trubala ai bilib.
Ai pramis blanga dum lagijat,
   en mi askim God blanga album mi.

[*Yu / yumob*] garra kipgon preipreibat, en ridimbat Baibul gudbalawei? En yu garra kipgon dum enikain stadi blanga album yu dumbat det wek blanga God gudbalawei?
Yuwai, ai pramis blanga dum
   en mi askim God blanga album mi.

[*Yu / yumob*] garra meiksho yu yusum det speshalwan pawa weya God bin gibit langa yu, wulijim yu gin dalim pipul det gudnyus blanga Jisas Krais?
Yuwai, mi pramis blanga dum
   en mi askim God blanga album mi.

[*Yu / yumob*] garra kipgon en nomo slekbek blanga titjimbat pipul wanim Jisas Krais bin shoum wi blanga God? Yu garra kipgon beptaisim pipul en gibit Holi Komyunyan? En yu garra streitinimap enibodi hu dum nogudbala ting? En yu garra dum ol detlot ting langa det wei weya Jisas bin dalim wi, en langa det
166

wei weya wi oldei dum langa wi Enggliken Tjetj?
Yuwai, mi pramis blanga dum
  en mi askim God blanga album mi.

[*Yu / yumob*] garra jidan redi blanga tok streidat en
libum biyain eni nogudbala titjing weya nomo agri
langa Baibul? Yu redi blanga dum wen yu jandap
lida langa ebribodi en wen yu jidan oni garram
wanbala o dubala pipul du?
Yuwai, mi pramis blanga dum
  en mi askim God blanga album mi.

[*Yu / yumob*] garra go weya God wandim yu blanga
go en dum det wek blanga stakmen brabliwei blanga
ol detlot pipul deya? Yu garra trai bildimap det bodi
blanga Krais trubalawei, dumaji yu laigim detlot
pipul brabliwei, en wulijim dei gin jidan gudbinjiwei
en jidan wanbala main mijamet?
Yuwai, mi pramis blanga dum
  en mi askim God blanga album mi.

[*Yu / yumob*] garra album ol detlot pipul jidan
strongbala en album olabat dum det wek weya God
bin pikimat olabat blanga dum langa dis wel?
Yuwai, mi pramis blanga dum
  en mi askim God blanga album mi.

[*Yu / yumob*] pramis blanga duwit gudbinjiwei langa
yu bishap en enibodi hu jidan bos blanga yu langa wi
tjetj? (Bat oni yu kaan duwit langa olabat if dei nomo
bulurrum det lowa blanga wi tjetj na).

**Yuwai, mi pramis blanga dum
en mi askim God blanga album mi.**

Det bishap garra prei:

Dedi God, yubin meigim dijan [*wekinmen / wekingel*] wandi dum dis wek. Meigim [*im / olabat*] strongbala blanga kipum ol detlot pramis, dumaji yu oldei jidan kainbala langa melabat.
Amin.

Det bishap na garra tok langa ebribodi:

Orait, yumob bin irrim wanim wi [*sista / braja*] bin pramis. Yumob gudbinji blanga [*im / olabat*] weya im garra dum det wek blanga pris?
**Yuwai, melabat brabli gudbinji
blanga [*im / olabat*].**

Yumob pramis blanga album [*im / olabat*] blanga dum det wek?
**Yuwai, melabat pramis blanga dum
en melabat askim God blanga album melabat.**

18.   *Sing song blanga askim det Holi Spirit blanga album tharran/detmob hu garra odein en wi holot.* ♫♫♫

Blanga Odein

168

SPESHALWAN PREYA BLANGA ODEIN

19.   Det wekinmen hu garra odein garra nildan lida, en det bishap garra prei.

Melabat preisim yu God, melabat Bos!

Blanga dikin:

Yubin laigim melabat detmatj,
  en yubin larramgo melabat fri,
  blanga jidan yu ronwan pipul
    garram melabat Bos, yu San.
Nomeda Jisas bin abum ebrijing garram yu
  langa hebin,
  bat stil imbin meigim miselp powan.
Imbin meigim miselp lobala jis laiga wekinmen,
  en imbin gibit im laif blanga seibum melabat.

Blanga pris:

Yubin gibit melabat yu oni San,
  wulijim im na jidan Boswan haibala serramonimen
    blanga det nyubalawei weya melabat bilib.
Im na det stakmen blanga melabat spirit.

Det bishap garra kipgon preipreibat:

Yubin libdimap im,
  yubin meigim im Bos blanga ebrijing.
Imbin gibit melabat det Holi Spirit,
  en imbin gibit ola enijing
    langa im ronwan pipul olabat,
  en imbin pikimat wujan pipul im garra
    meigim jidan mishanri,

169

en wujan pipul garra jidan speshalwan mesinja,
en wujan pipul garra dalimbat det gudnyus
   langa ebribodi
en wujan pipul garra lukaftumbat ola Kristjan pipul
   en titjimbat olabat.
Imbin dum lagijat blanga meigim
   ola Kristjan pipul redi blanga wek blanga im,
   wulijim melabat holot garra jidan strongbala,
   dumaji melabat jidan wanbala bodi blanga Krais.

Dedi, melabat gibit yu theingks
   dumaji yubin pikimat [*neim / dismob*],
   [*wekinmen / wekingel*] blanga yu,
   blanga dum det wek blanga [*pris / dikin*]
      garram yu pipul.

Det bishap garra pudum im bingga langa [neim's] gabarra en
prei.

Jandim yu Holi Spirit langa dis wekinmen blanga yu,
[*neim bla im*]. Melabat pudum bingga langa im blanga
gibit im det wek blanga [*dikin / pris*] langa yu tjetj.

If bishap odeinim dubala o thribala o mowa, im garra tok det
seim wed blanga ebri wan hu garra odein, wanbala wanbala.

Blanga dikin:

Kainbala God, gibit yu pawa langa [*dijan / dismob*]
   [*wekinmen / wekingel*] blanga yu,
   wulijim [*im / dei*] gin dalimbat det gudnyus
      blanga hau yu garra seibum pipul.

Album [*im / olabat*] blanga laigim
  ebribodi brabliwei,
  album [*im / olabat*] blanga jidan strongbala,
  album [*im / olabat*] nomo blanga tok streidawei
    wen trabul kaman,
  en album [*im / olabat*] nomo blanga gibap.

Kainbala God, gibit yu pawa langa [*dijan / dislot*]
  [*wekinmen / wekingel*] blanga yu,
  wulijim [*im / dei*] gin dum yu wek brabliwei:
    blanga spredimat det gudnyus
      hau yubin seibum melabat,
    garram wed en garram det dubala sain;
      Holi Komyunyan en Beptais.
En blanga dalimbat pipul yu oldei larramgo fri
  pipul brom olabat nogudbalawei wen dei sori,
  en blanga lukaftumbat brabliwei ol detlot pipul
    hu yubin gibit olabat blanga lukaftumbat.

Yubin pikimat [*im / olabat*] blanga wek blanga yu.
Album [*im / olabat*] kipgon dum
  det wek brabli gudbalawei.
Irrim melabat preya thru Jisas Krais, melabat Bos,
  dumaji im laibala garram yu en yu Holi Spirit,
  wanbala God olagijawan.

Amin.

Blanga Odein

Blanga dikin:

Larram God gibit yu pawa blanga dum det wek
   blanga dikin langa im tjetj,
   langa det neim blanga det Dedi
   en blanga det San
   en blanga det Holi Spirit.   **Amin.**

Blanga pris:

Larram God gibit yu pawa blanga dalimbat
   en titjimbat God wed,
   en blanga beptais en gibit Holi Komyunyan,
      langa detlot pipul weya yu jidan.
Wen yu dalim enibodi God bin larramgo im fri brom
   ola nogudbala ting weya imbin dumbat,
   wal im jidan fri.
En wen yu dalim enibodi God nomo bin larramgo
   im fri brom ola nogudbala ting weya imbin dumbat,
   wal im nomo jidan fri.
Nomo gibap bat kipgon strongbalawei blanga
   det wek blanga dalimbat God wed
      en beptaisimbat en gibit Holi Komyunyan.   **Amin.**

En afta, det bishap garra tok langa ebribodi:

Braja en sista, iya na [*neim / ola neim*].
[*Im / olabat*] brabli [*dikin / pris*] na langa God tjetj.

Ebribodi garra klep na.

172

WI MEIGIM MISELP REDI
BLANGA HOLI KOMYUNYAN

20. Det lida garra tok:

Jisas bin tok: 'God bin laigim ebribodi detmatj, en imbin jandim im ronwan san blanga dai blanga olabat, wulijim ebribodi hu bilib langa im garra abum det olagijawan laif en nomo dai.' *(Jon 3:16)*

Ebribodi garra jandap blanga tok gudbinjiwei:

Wi na det bodi blanga Krais!
Im Holi Spirit jidan garram wi!

Det brabli kainbalawei en det brabli gudbalawei blanga God jidan garram wi.
Yuwai, im jidan garram wi.

Ebribodi garra wokaran en tok gija:

God im gudbinji langa yu.
Yuwai langa yu du.

21. Sing song. ♫♫♫

Det pris garra meigim det komyunyan daga redi.

Blanga Odein

173

DET BRABLI BIGISWAN THEINGKS

Det Bos, im iya garram wi.
Yuwai, im iya garram wi.

Wi garra libdimap wi hat en luk langa top langa im.
Yuwai, wi garra luk langa im!

Wi garra gibit theingks langa Yawei det trubala God!
**Yuwai, wi garra gibit im bigiswan theingks
 en preis!**

Prefis blanga sebis weya pipul garra odein:

Wi gibit preis langa yu Dedi,
    blanga Jisas Krais, yu san hubin kaman
        blanga seibum melabat.
Im nomo bin kaman blanga meigim enibodi album im,
    bat imbin kaman blanga album melabat
    en baiyimbek melabat laif brom det nogudbalawei.

Yubin jandim Jisas blanga shoum melabat
    hau blanga laigim yu.
Jisas nomo bin abum eni sheim wen imbin titj yu wed
    en imbin bulurrum yu brabliwei.
Jisas bin lukaftumbat ola pipul jis laiga
    brabli gudwan stakmen.
Wen imbin dai, imbin meigim ebribodi fri
    brom olabat nogudbalawei.

Blanga Odein

174

Wen imbin gidap laibala,
  imbin gibit melabat det nyuwan laif.

Yawei, yu na det trubalawan God.
Yuwai, melabat gibit yu bigiswan theingks en preis!

Langa beptisim,
  yubin majurrumap melabat langa im,
  en yubin jingat langa melabat
    wen melabat bin jidan langa det dakbala pleis,
  en yubin dalim melabat
  blanga kaman en jidan langa det brabli
    gudwan lait blanga yu.
Melabat gibit yu theingks en preis
  dumaji yu oldei kipum yu pramis,
  en yu jandim yu Holi Spirit langa bilibamob iya
    en ebriweya.
Gibitbat Kristjan pipul ebriweya difrindifrin pawa
  blanga dum detlot difrindifrin wek
    weya yu gibit olabat blanga dum,
  en go lida langa melabat,
  wulijim melabat garra bulurrum det trubalawei.
Yu jandim yu pawa blanga dalimbat
  det gudnyus langa ebri kantri
  en yu meigim melabat jidan
    jis laiga speshalwan serramonimen blanga Jisas,
      det King.

175

Yu pikimat pipul hu garra jidan dikin,
 blanga lukaftumbat ola pipul
  wulijim olabat garra luk Krais iya langa melabat.

Yu pikimat pipul blanga jidan minista,
 blanga dalimbat yu wed, lukaftumbat yu pipul,
 en lidim gudbinjiwei detlot tjetj serramoni
  blanga yu.

Yawei, yu na det trubalawan God.
Yuwai, melabat gibit yu bigiswan theingks en preis!

Ola einjulmob preisim yu,
 garram ola bilibamob brom longtaim,
 en melabat wandi preisim yu du!

Ebribodi garra prei:

Holi, holi, holi!
Yu na det Boswan God.
Yu garram mowa pawa
 langa enijing langa dijan wel.
Oni yu na det Haibala Bos
 garram det shainiwan lait!

Melabat gibit yu theingks,
 dumaji yubin gibit melabat dislot speshalwan
  daga en wain.
Album melabat dagat dijan daga
 en dringgim dijan wain

Blanga Odein

176

garram det pawa blanga yu Holi Spirit,
en blanga dagat insaidwei
blanga jinggabat Jisas bodi en blad.

23. Det pris garra kipgon:

Langa det nait bifo imbin dai,
Jisas bin dagadagat daga garram im wekinmen
olabat.

Jisas bin gajim det daga,
    en imbin gibit theingks,
    en imbin breigim det daga,
    en imbin gibit langa olabat,
    en imbin tok:

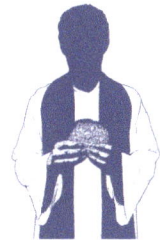

    'Dijan na main ronwan bodi
        weya ai gibit blanga yumob.
    Wal yumob garra dagat dijan daga
        blanga jinggabat mi.'

Afta olabat bin dagat det daga,
    imbin gajim det kap
    en imbin gibit theingks.
Jisas bin gibit olabat det kap en imbin tok,

    'Dijan wain im det nyubalawei blanga God.
    Ai garra spilim main ronwan blad blanga yumob
        blanga opinimap det nyubalawei blanga God.
    En ebritaim wen yumob dringgim dijan wain,
        yumob garra dringgim blanga jinggabat mi.'

Blanga tharran na,
   melabat dum wanim Jisas bin dalim melabat
      blanga dum.
Melabat jinggabat det wanbala brabli gudwan ofring
   weya imbin meigim blanga larramgo melabat fri
   brom ol detlot nogudbala ting
      weya melabat bin dumbat,
   en nomo oni melabat,
   bat ol detlot nogudbala ting weya ebribodi
      bin oldei dumbat holot.

Blanga tharran na, ebribodi garra tok:
Jisas bin dai
Jisas bin gidap laibala
Jisas garra kambek igin.

Dedi, yu bilimap melabat garram yu Holi Spirit.
Album melabat blanga bulurrum Jisas,
   langa ebrijing weya melabat dum en tok,
   dumaji melabat wandim ebribodi
      blanga jidan gudbalawei blanga yu
         langa dijan wel weya yubin meigim.
Yu irrim melabat preya, thru langa Jisas Krais,
   det Bos blanga melabat:

Ebribodi garra prei mijamet:

Nyukurrwan God,
   melabat gibit theingks langa yu,
   melabat preisim yu,
   en melabat lukbek langa yu.
Yu na haibala en strongbala olagija. Amin.

Nomeda wi bigmob,
 bat stil wi jidan wanbala bodi.
Dumaji wi ol dagat det seimwan daga.

Kaman en dagat dijan nyukurrwan daga
 det bodi en det blad blanga Jisas Krais
  garram theingks en preis.
En jinggabat hau imbin dai blanga wi.

Wen det pris o lida gibit det nyukurrwan daga en wain im garra tok:

Det bodi blanga Jisas Krais
 gibit yu olagijawan laif.
Dagat dis daga blanga jinggabat Jisas
 weya imbin dai blanga yu.
Amin.

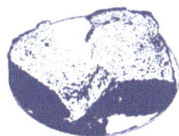

Det blad blanga Jisas Krais
 gibit yu olagijawan laif.
Dringgim dis wain blanga jinggabat Jisas
 weya imbin weistim im blad blanga yu.
Amin.

JANDIMWEI PIPUL BLANGA GOD

26. If det Lod Preya nomo bin hepin bifo, im hepin iya.

27. Afta na, det pris garra tok:
Wi gibit theingks blanga det speshalwan
  daga en wain weya wibin dagat:

Dedi God,
Yubin fidim melabat garram det nyukurrwan daga:
  det bodi en blad blanga melabat Bos en Seibya,
    Jisas Krais.

Melabat gibit yu theingks dumaji yu oldei pikimat
  wekinmen en wekingel blanga dum yu wek:
  blanga titjimbat yu wed
  en lidim serramoni blanga yu.
Album olabat jidan gudbalawei
  langa ebrijing weya olabat dum en tok,
  en langa hau olabat laigim pipul.
Album olabat blanga kipgon blanga dum olabat wek
  en nomo gibap,
  en bulurrum det nyukurrwan wei bla God
    wulijim olabat garra meigim yu gudbinji.

Tok strongbalawei thru olabat,
  larram det wed weya olabat tok jidan trubala.
Meigim melabat holot dalim det gudnyus trubalawei,
  blanga hau Jisas bin gidap laibala.
Dumaji, melabat wandim jidan gudbinji
  wen Jisas garra kambek,

en melabat wandim yu blanga reken melabat gudbala
blanga weship yu garram ola bilibamob
olagijawan. **Amin.**

Bos, yu jandimwei melabat brom iya
garram det pawa brom yu Holi Spirit.
Album melabat blanga bulurrum yu brabliwei
en wek blanga yu,
dumaji melabat wandim ebribodi
garra sabi yu en preisim yu neim.

28. Sing song. ♪♪♪

29. Det bishap garra tok dijan, o eni gudwan wed brom Baibul:
Yawei, det trubala God weya garram ola pawa,
im jidan garram yumob.
Im meigim yumob jidan gudbinjiwei
dumaji yumob sabi God
en im san Jisas Krais brabliwei du.
En det wanbala God,
hu Dedi, en San, en Holi Spirit,
jidan garram yumob olagijawan.
Amin.

30. Det dikin o lida garra tok:
Wi gowei brom iya gudbinjiwei na,
dumaji wi sabi God laigim wi,
en wi sabi im San Jisas Krais laigim wi du.
Yuwai. Wi gowei brom iya gudbinjiwei na, dumaji
Jisas Krais im jidan garram wi.

181

Ekshan o sing song. 🎵🎵🎵

Det bishap garra go lida atsaid, en ola dikin en ministamob garra bulurrum biyain im, dregli.

Yadagaga / Jupi Tri

DETLOT 39 WED
WEYA SHOUM WI WANIM
DET ENGGLIKEN TJETJ BILIB

Intradakshan

Longtaim, 500 yiya bifo tudei, det Roman Kethalik Tjetj en det haibala bishap langa det taun gulum Rome bin jidan bos blanga ola tjetj langa England.

Det brabli boswan langa England, neim King Henry 8 nomo bin wandim najawan men, langa Rome, blanga jidan bos blanga ola tjetj langa England, en imbin meigim lowa weya bin tok det Roman Kethalik Tjetj nomo bos langa England na. Seimtaim, ola tjetj lida langa England nomo bin sedisfaid garram det Roman Kethalik Tjetj. Detlot lida langa England bin luk wanim det Baibul tok blanga olkain ting, en deibin reken det Roman Kethalik Tjetj nomo bin bulurrum God langa det wei weya det Baibul tok.

Blanga tharran na, deibin raidimdan wanim deibin bilib blanga God, en blanga tjetj, en blanga gabman du. Detlot 39 wed weya deibin raidimdan, wal dei iya na.

Enibodi hu wandim odein blanga jidan minista o dikin blanga Enggliken Tjetj garra agri langa detlot 39 Wed.

Wen yu luk sambala wed insaid langa [skweya brekit] im tok blanga detlot wed im nomo kliya blanga det 39 Wed, en aibin edimon detlot wed blanga meigim im kliya.

1. Wi bilib langa Holi Triniti

Oni wanbala laibala trubala God im jidan. Im olagijawan, nomo garram bodi, dumaji im spirit. Im kaan kadimat miselp; en im nomo tjeinjim im main. Im gin dum enijing weya im wandim dum; nobodi kaan stapam im, dumaji im garram detmatj pawa. Im sabi ebrijing brabliwei. Im gudwan olagija. Imbin meigim ebrijing en im kipgon lukaftumbat ebrijing weya wi luk en weya wi kaan luk du. Langa dis wanbala God thribala jidan hu oldei God seimwei mijamet, garram seimwan pawa en hu jidan olagijawan. Det thribala na det Dedi, det San en det Holi Spirit.

2. Blanga det Wed o San blanga God, hubin kaman langa dis wel

Det San, im det Wed blanga God, imbin deya garram Dedi God olataim. Imbin oldei det San blanga God en im olagijawan. Im trubalawan en olagijawan God, im jidan God seim laik im Dedi. Wal im na, bin meigim miselp hyuman, deya insaid langa im mami, det yanggel Meri (God bin meigim det gel na speshalwan). Imbin meigim miselp hyuman brom im mami. Blanga tharran na, det wanbala men, Jisas Krais, bin brabli hyuman, en seimtaim imbin brabli God. Im dubala ting holot, God en hyuman, nomo haf en haf. Im kaan neba lujim dubala ting; trubala im God en trubala im hyuman olagijawan. Trubala imbin safa, deibin pudum im langa det kros, imbin dai, en deibin gaburrumap im. Imbin lagijat blanga meigim im Dedi gudfren blanga wi, en blanga dum det wek blanga sekrifais ofring, nomo oni blanga hau ebribodi bin bon nogudbala pipul, bat blanga ola nogudbala ting weya wi dumbat.

3. Jisas bin godan langa dedbala pipul

Orait, Krais bin dai blanga wi, en deibin gaburrumap im. En wi mus garra bilib imbin godan langa det pleis blanga dedbala pipul du. Trubala

4. Jisas Krais bin gidap laibala

Trubala Krais bin gidap laibala brom dedbala. Afta imbin gidap laibala, imbin abum im bodi igin, garram bif en bon en garram olkain ting weya God garra gibit blanga meigim pipul jidan brabli gudwan nomo garram enikain nogudbalawei. Garram detkain bodi, Jisas bin gowap langa hebin. Im jidan deya, raidap det taim wen im garra kambek igin, blanga kotim ebribodi langa det laswan dei.

5. Blanga Holi Spirit

Det Holi Spirit kaman brom det Dedi en det San. Im God seimwei laik det Dedi en det San, garram pawa jis laiga strongbala king wulijim wi oldei preisim im. Trubala det Holi Spirit im God olagijawan.

6. Det Holi Baibul dalim wi ebrijing blanga hau God garra seibum wi

Det Holi Baibul garram ola ebrijing blanga hau God garra seibum dis wel. Wi kaan tok yu mus garra bilib samting wulijim God garra seibum yu, o blanga jidan Kristjan gudbalawei, if det ting im nomo deya langa Baibul, o if wi kaan faindat det ting brom det Baibul. Wen wi yusum det wed Holi Baibul, wi tokabat det lis blanga lilwan buk deya langa Oltestaman en Nyutestaman. Nobodi kaan tjeinjim det Baibul lis. Langa tjetj langa ebri kantri, en brom longtaim, ebribodi sabi detlot buk jidan wi bos. Detlot buk langa Oltestaman gulum:

Jenasis, Eksadas, Labidakas, Nambas, Dyudaranami, Jadjis, Ruth, Fes Semyul, Sekan Semyul, Fes Kings, Sekan Kings, Fes Kranakuls, Sekan Kranakuls, Esra, Niyamaiya, Esta, Job, Ola Saam, Prabebs, Aklisiyestis, Brabli Gudwan Song, Aisaiya, Jeramaiya, Leminteishans, Isikiyel, Denyul, Hoseiya, Jowal, Eimos, Obadaiya, Jona, Maika, Neiham, Hebakak, Sefanaiya, Hegai, Sekaraiya, en Melakai.

Orait, sambala Kristjan pipul pudum najalot buk na langa Baibul:

3 Esdras, 4 Esdras, Tobias, Judith, det najawan pat blanga Esta, Wisdom, Jesus the Son of Sirach, Baruch the Prophet, The Song of the Three Children, The Story of Susannah, Of Bel and the Dragon, The Prayer of Manasses, 1 Maccabees, en 2 Maccabees.

Tjetj pipul gin ridim detlot buk blanga shoum wi gudbalawei blanga jidan (det olmen gulum Djeroam hubin trensleidim det Baibul brom Hibru en Grik langgus langa Letin langgus longlongtaim bin tok lagijat), bat wi nomo yusum detlot buk blanga titjim pipul wanim raitwan ting blanga bilib blanga God.

Ol detlot buk langa Nyutestaman, olabat seim langa ebri tjetj, en wi du, wi kipgon holdim langa detlot, en wi kaan tjeinjim det lis.

7. Blanga Oltestaman

Det Oltestaman nomo gibit difrinkain mesij brom det Nyutestaman; det stori langa Oltestaman en langa Nyutestaman, im blanga Krais. Dubala testaman dalim wi dijan stori na: Krais gibit pipul olagijawan laif, dumaji im na jidan rait langa midul brom God langa pipul, dumaji im na trubalawan God en trubalawan men. Sambala trikiwan pipul reken ola Isreil pipul langa Oltestaman oni bin jinggabat wanim God garra gibit wi langa dis wel na, nomo blanga enijing olagijawan. Bat wi kaan lisin langa detkain pipul. Orait, det lowa weya God bin gibit thru langa Mosis, blanga serramoni blanga ola Isreil pipul na, wal wi Kristjan pipul kaan bulurrum det lowa blanga Isreil pipul, en wi gabman kaan bulurrum det Oltestaman lowa blanga gabman blanga Isreil pipul. Bat stil wi Kristjan pipul kaan libum det Oltestaman lowa weya dalim wi hau blanga jidan gudwei.

8. Blanga thribala ting weya wi gulum Krid

Thribala Krid wi garram, gulum Naisin Krid, Krid blanga det men Etheneisiyas, en Krid garram det neim Aposul (tharran na det mishanri mob blanga Jisas). Wi bilib en wi holdim dijan thribala Krid, dumaji det Holi

Baibul shoum wi, ebrijing langa detlot Krid im brabli trubala.

9. Blanga det nogudbala ting weya wibin oldei abum brom det taim wen wibin bon

Wi sabi wi holot dum nogudbala ting. Bat wi nomo oni dumbat nogudbala ting, wi abum det nogudbala ting insaid langa wi. Wi dumbat nogudbalawei dumaji wi abum det nogudbala ting insaid langa wi. Det nogudbala ting imbin oldei deya insaid langa wi brom det taim wen wibin jidan insaid wi mami binji. Sambala reken wi nomo abum det nogudbala ting insaid langa wi. Dei oldei tok wi oni nogud dumaji wi bulurrum det feswan men Edam, hubin dum det nogudbala ting nomeda im nomo bin abum det nogudwan ting insaid langa im. Wanbala men bin tok lagijat na, im neim Pelejiyas, en imbin jidan 400 yiya afta Jisas bin bon. Bigismob pipul bin reken Pelejiyas bin jinggabat raitwei. Bat najing. Wi bilib ebribodi bin bon garram det nogudbala ting insaid langa olabat. Im jis laik ebribodi garram nogudwan samting insaid olabat filing en olabat main. Ebribodi abum det nogudbala ting insaid. Blanga tharran na, wibin longwei brom God, wi nomo bin gudwan brom det taim wen wibin bon. Im jis laik wi krukidwan en wi kaan bulurrum det streitbala wei blanga God. Nomeda wi sabi det lowa brom God, bat stil wi nomo wandim bulurrum det lowa blanga im. God im wail blanga tharran, en im garra kotim ebribodi. Wen wi tjeinjim wi laif en gibit miselp langa God, en God gibit wi det nyubalawan laif, wi stil abum det nogudbala ting insaid, weya nomo wandi bulurrum det lowa brom God. Orait, God nomo garra panishim wi if wi bilib en wibin beptais, bat stil det mishanri langa Baibul, Paul, im titjim wi det krukidwan filing weya wi oldei abum, im brabli nogudwan.

10. Blanga dijan kwestjan na: wi abum pawa blanga dum gudbala ting miselp o najing?

Orait, wi sabi det stori langa Baibul blanga Edam, hubin breigim det lowa weya God bin gibit. Wal, det ting na bin tjeinjim ebribodi langa dis wel. Blanga tharran na, wi kaan tjeinjim wi laif miselp garram wi ronwan pawa. Wi kaan jingat langa God blanga seibum wi. If wi dum gudbala ting, im nomo rili gudbala. Wi kaan dum gudbala ting blanga meigim miselp rait blanga kaman langa God. Wi nomo abum pawa blanga dum enijing blanga meigim God gudbinji. Oni if God im wek langa wi laif basdam, wi gin abum det filing blanga wandi dum gudbala ting. Wotfo God dum det wek langa wi laif? Dumaji wibin dum gudbala ting? Nomo, wi kaan dum gudbala ting blanga meigim God laigim wi. God oni dum det wek langa wi laif dumaji im laigim wi brabliwei, en imbin jandim im ronwan San blanga seibum wi. Orait, wen wi wandim dum eni gudbala ting, God im kipgon dum det wek langa wi laif wulijim wi gin dum detlot gudbala ting.

11. Blanga hau wi gin jidan raitwei langa God

God meigim wi jidan raitwei langa im oni thru langa

Jisas Krais wi Bos hu seibum wi. Im meigim wi jidan raitwei langa im wen wi bilib langa Jisas Krais. Imbin seibum wi dumaji wi gudbala? Nomo. Imbin seibum wi dumaji wi dum gudbala ting? Nomo. Wen wi jinggabat hau God bin seibum wi thru langa Jisas Krais, wi abum det gudwan filing en wi jidan strongbala. Wan men bin raidimdan mowa titjing blanga tharran na, langa det buk gulum homili blanga Hau God Meigim Wi Jidan Raitwei Langa Im [Homily of Justification, langa det feswan buk weya deibin pudum sambala homili wen det bigis bos King Edward 6 bin jidan king. Yu gin luk langa Namba 35 Wed].

12. Blanga gudbala ting weya Kristjan pipul dum

Wen wi jidan raitwei langa God, en wen wi bilib brabliwei langa det gudnyus blanga Jisas Krais, wi dum olkain gudbala ting. Detlot gudbala ting weya wi dum nomo deigidawei o gaburrumap detlot nogudbala ting weya wi stil dum, en God stil garra jadjim detlot gudbala ekshan, en detlot gudbala filing. Bat God im stil gudbinji blanga detlot gudbala ting weya wi dum en im laigim detlot ting, dumaji Jisas Krais bin seibum wi. If wi bilib langa det gudnyus brabliwei, wal detlot gudbala ekshan en gudbala filing oldei kamat na. Detlot gudbala ting kamat jis laik det daga kamat brom det tri. Detlot gudbala ting shoum ebribodi wotkainwei wi bilib, jis laik wi sabi wotkain tri wen wi luk det daga.

13. Blanga ola ting weya pipul dum hu nomo jidan raitwei langa God

Sambala pipul nomo bilib langa det gudnyus blanga Jisas Krais, en dei nomo jidan raitwei langa God. Det Holi Spirit nomo wek langa olabat laif, en ol detlot gudbala ting weya kamat dumaji Jisas bin dai blanga wi, en imbin gidap laibala blanga wi, wal detlot gudbala ting nomo go langa olabat. Samtaim wi luk detkain pipul dumbat samting en wi reken dei dum gudbala ting. Bat God na, wanim im reken blanga det ting? Wal God, im nomo gudbinji blanga det ting weya olabat dum, dumaji dei nomo dum det ting dumaji dei bilib brabliwei langa Jisas Krais. Wen sambodi dum samting weya wi reken im gudbala, wal God im tok 'Ai garra kainbala langa im dumaji imbin dum gudbala ting'? Nomo. Det ting weya det men dum nomo meigim God kainbala langa im. God im nomo garra peibek gudbala ting langa det men na. Longtaim bifo, maitbi 700 yiya, sambala pipul gulum Skul-men bin tok lagijat. Bat dei nomo rait. God im tok wi gin oni dum brabli gudwan ting if wi bilib brabliwei langa Jisas Krais. If sambodi dum gudbala ting en im nomo bilib brabliwei langa Jisas Krais, wal im nomo rili duwit langa God, en det ting na weya wi reken gudbala, wal im nomo rili gudbala, im rili nogudbala.

14. Blanga gudbala wek weya sambala pipul reken God garra peiyim wi blanga dum

Sambala pipul reken wi gin dum ebrijing weya God wandi wi blanga dum, en brom deya wi gin dum mowa langa God weya im dalim wi blanga dum. Dei reken God lafta peiyim wi blanga det gudbala wek weya wibina dum lagijat. Brom munanga langgus dei gulum detkain wek 'Works of Supererogation' (wek weya wi pudum mowa ontop). Bat wi kaan bilib detkain. Enibodi hu tok lagijat meigim miselp praudbala en nomo jidan lobala langa God. Bat Jisas tok langa Luk 17:10, 'Wen yumob duwit langa God wanim im dalim yumob blanga dum, yumob garra tok, 'Melabat oni wekinmen, en melabat bin dum melabat wek''.

15. Jisas na det oni men hu nomo bin dum nogudbala ting

Jisas Krais bin kaman langa dis wel en imbin jidan jis laik wi. Oni wanbala wei imbin difrin brom wi: im nomo bin dum eni nogudbala ting, en im nomo bin abum det nogudbala ting langa im laif weya wibin jinggabat langa Namba 9 Wed bifo. Imbin brabli gudbala langa im bodi en langa im spirit. Imbin kaman jis laiga yangwan ship weya detlot Juwish pipul bin oldei kilim blanga meigim sekrifais ofring langa God. Detlot Juwish pipul bin lafta pikimat det yangwan ship weya nomo bin abum enijing rong laiga siknis o sowa. Jisas na bin gibit miselp laiga sekrifais ofring blanga deigidawei ola nogudbala ting blanga ola pipul. Nomo eni nogudbala ting bin jidan langa im (1 Jon 3:5). Bat wi holot, nomeda wibin beptais, en nomeda wibin bon igin langa Krais, bat stil wi kipgon dumbat loda nogudbala ting, en if wi reken wi nomo dum eni nogudbala ting, wal wi dalimbat laiya langa wi ronselp, en det trubala wed nomo jidan langa wi (1 Jon 1:8).

16. Blanga detlot nogudbala ting weya wi dum afta wibin beptais

Sambala nogudbala ting weya wi dum afta wibin beptais garra meigim wi dai (1 Jon 5:16-17). Bat loda nogudbala ting weya wi dum dei nomo lagijat. Dei nomo meigim det Holi Spirit nogudbinji weya God kaan larramgo wi fri brom det ting (Mak 3:29). Blanga tharran na, wi kaan reken God kaan larramgo fri enibodi hu dum detkain odinriwan nogudbala ting afta deibin beptais. Nomo. Afta God gibit wi det Holi Spirit, samtaim wi buldan, en libum det gudbala ting weya God bin dum blanga wi, en wi dum nogudbala ting. Bat God im stil brabli kainbala langa wi, en wi gin gidap en tjeinjim wi laif igin. If yu reken yu kaan dum eni nogudbala ting dumaji yu Kristjan, wal yu rong. En yu rong du if yu reken God kaan larramgo fri enibodi hu libum det nogudbalawei en tenimran im laif.

17. God bin meigim plen blanga seibum sambala pipul en imbin pikimat detmob longtaim

Bifo God bin stat meigim dis wel, imbin olredi meigim olagijawan plen blanga gibit olagijawan laif langa detlot pipul hu imbin olredi pikimat thru langa Jisas Krais. Det munanga wed blanga det plen im 'Predestination'. Wi nomo sabi hau imbin meigim det plen, en wi nomo sabi hu imbin pikimat. Bat imbin meigim det plen blanga seibum detmob hu imbin pikimat en im nomo garra panishim olabat langa det pleis weya im garra panishim olagijawan ebribodi hu nomo bulurrum im wei. Im garra seibum detmob thru langa Jisas Krais hubin dai langa det kros. Olabat garra jidan olagijawan garram im. Olabat jis laiga dish weya sambodi meigim blanga yusum blanga speshalwan ting (Romans 9:21). Detlot pipul hu abum det brabli gudwan ting, hu God bin pikimat, wal God gulum detmob thru langa im Holi Spirit hu dum det wek langa olabat laif langa det rait taim. Brom deya, detmob bulurrum im, dumaji God wek langa olabat kainbalawei. God meigim olabat jidan raitwei langa im en gudfren langa im. Im dum lagijat dumaji deibin dum loda gudbala ting? Nomo, im oni dum lagijat dumaji im brabli kainbala langa olabat. God bin meigim olabat jidan im ronwan biginini. Im meigim olabat jidan jis laik im oni trubalawan san Jisas Krais. Detmob kipgon dumbat gudbala ting gudbalawei. En langa det laswan dei, detmob garra jidan brabli gudbinji olagijawan, God im brabli kainbala dumaji. Wen wi jinggabat det plen blanga God en wen wi jinggabat God bin pikimat wi thru langa Jisas Krais hubin dai blanga wi, wal wi brabli gudbinji en wi abum det brabli gudwan filing insaid, dumaji wi sabi det Spirit blanga Jisas Krais kipgon wekwekbat langa wi. Im Spirit andimwei ola nogudbala ting brom wi laif, en libdimap wi main en filing langa ola gudbala ting langa hebin. En wen wi jinggabat det plen, im meigim wi bilib brabliwei God garra seibum wi olagijawan thru langa Jisas Krais en im album wi bilib langa im strongbalawei en gudbinjiwei. En im meigim wi laigim God detmatj jis laiga faiya weya im bernbern.

Bat detlot najalot pipul hu nomo abum det Spirit blanga Jisas Krais, en hu jis reken eniwei, wen detmob lisin langa det aidiya en jinggabat det plen blanga God, im brabli deinjawan blanga olabat, dumaji maitbi Seitin meigim olabat reken dei kaan neba abum tjens blanga jidan raitwei langa God, o maitbi Seitin meigim olabat wandi kipgon langa det brabli nogudbalawei, en tharran im deinjawan nomo lilbit. Orait, wal najawan ting du. Wi lafta luk wanim det Baibul tok blanga ola pramis weya God meigim langa wi, en wi kaan jis lisin langa detlot pramis eniwei, wi lafta gajim detlot pramis langa det wei weya det Baibul dalim wi blanga gajim. En nomeda wanim wi dum, wi garra bulurrum det wei blanga God weya im shoum wi langa im wed.

18. God gibit wi det olagijawan laif oni thru langa det neim blanga Jisas Krais

God garra panishim olagijawan enibodi hu tok God garra seibum detlot pipul hu bulurrum olabat ronwan lowa en dum ebrijing weya olabat ronwan lowa dalim olabat blanga dum, o hu dum wanim dei reken dei garra dum jis brom det lowa weya wi gin luk langa dis wel. Dumaji det Baibul dalim wi God oni gibit wi det olagijawan laif thru langa det neim blanga Jisas Krais.

19. Blanga det tjetj blanga God

Wen wi jinggabat det wed 'tjetj', wi gin jinggabat dubala wei. Wi gin jinggabat det tjetj weya wi kaan luk, im deya langa hebin, weya Jisas majurrumap ol detlot pipul hu trastim im, nomeda brom wanim kantri en brom wanim taim. Bat det tjetj blanga Jisas Krais weya wi gin luk, im detlot pipul hu trastim langa Jisas, en hu majurrumap miselp. Wen dei majurrumap miselp, sambodi dalim det wed blanga God en dei abum det speshalwan ekshan laiga Holi Komyunyan en Beptais garram ebrijing weya Jisas bin dalim im wekinmen blanga dum blanga detlot ting. Samtaim det tjetj im rong na, en imbin misteik.

Langa det ailibala taim blanga tjetj pipul, langa 300 o 400 yiya afta Jisas olredi bin kaman, det tjetj langa Jerusalem, langa Alexandria en langa Antioch bin go rongwei. En det tjetj langa Rome bin go rongwei du, nomo oni langa olabat ekshan en tjetj serramoni, bat langa wanim dei bilib du. [Brom 1000 yiya afta Jisas bin kaman, en raidap 1500 yiya afta, det tjetj langa Rome bin meigim miselp bos blanga ol detlot tjetj langa Europe. Langa det yiya 1543, det bos langa England, King Henry 8, bin kadimat detlot tjetj langa England brom det tjetj langa Rome. Imbin meigim lowa weya imbin tok det bishap langa Rome im nomo bos deya blanga tjetj langa England. Brom det taim na, loda tjetj lidamob langa England bin oldei wandim dalim ebribodi det tjetj langa Rome nomo bin oldei bulurrum det wed blanga God. Blanga tharran na dis wed iya tok blanga det rongwei weya det tjetj langa Rome bin oldei dumbat.]

20. Blanga det pawa blanga tjetj blanga meigim lowa

Im rait blanga tjetj blanga meigim lowa blanga wotkain wed blanga yusum langa sebis, en wanim det minista en ol detlot tjetj pipul garra dum langa sebis, en im rait blanga tjetj blanga dalim ebribodi wanim rait en wanim rong wen tjetj pipul nomo agri gija blanga wanim wi bilib. Bat det tjetj kaan meigim lowa blanga dum enijing weya det wed blanga God langa Baibul dalim wi wi kaan dum. En wen det tjetj dalim wi wanim det Baibul im tok, det tjetj kaan meigim wanbala bes langa Baibul agamin gija garram najawan bes. Nomeda det tjetj lukaftumbat det Baibul, en dalim pipul wanim det Baibul im tok, bat stil det tjetj kaan meigim lowa blanga dum enijing weya det Baibul dalim wi nomo blanga dum, en det tjetj kaan dalim pipul dei garra bilib samting if det ting im nomo deya langa Baibul.

21. Blanga detlot miting weya ola tjetj lida brom ebriweya bin majurrumap miselp

Detlot tjetj lida mob bin majurrumap miselp langa Jeneral Kaunsel oni wen detlot gabman bos mob bin wandim olabat blanga majurrumap miselp. En wen deibin majurrumap miselp blanga jinggabat wanim raitwei blanga Kristjan pipul blanga bilib en blanga dum, samtaim deibin misteik na. Detlot lida gin misteik, dumaji dei oni men, en maitbi sambala nomo rili lisin langa det Holi Spirit o langa det wed blanga God, en nomo rili meigim det Holi Spirit olabat bos. Blanga tharran na, dei gin misteik, blanga God said en blanga enijing. Wal if eni Jeneral Kaunsel blanga tjetj lida bin meigim lowa weya bin tok yumob Kristjan pipul garra garra bilib diskain ting o detkain ting blanga gajim olagijawan laif, wal wi gin oni bulurrum det lowa if im kamat brom det Holi Baibul. If im nomo kamat brom Baibul, wal wi nomo garra bulurrum det lowa.

[Brom det taim wen det wed blanga God bin spredat en loda pipul langa loda difrin kantri langa Europe en Africa bin jidan Kristjanwei, samtaim ol detlot tjetj lida brom ebri difrindifrin kantri bin majurrumap miselp blanga tokabat lowa blanga Kristjan pipul en blanga streitinimap wanim ola Kristjan pipul bin reken blanga God en blanga Jisas en blanga tjetj. Detlot miting wi gulum Jeneral Kaunsel. Orait, wen det biggis gabman bos, det Roman Empra, bin tjeinjim im laif langa det yiya AD 313, en imbin meigim im gabman bulurrum Kristjanwei, wal brom det taim na, samtaim detlot gabman bos bin gulum ola tjetj lida mob blanga majurrumap miselp.]

22. Blanga det pleis weya sambala reken dedbala pipul go, gulum Pegatri

Det Roman Kethalik Tjetj bin oldei titjim sambala ting weya wi nomo agri garram det titjing. Det tjetj bin oldei titjim pipul blanga det pleis gulum Pegatri. [Deibin oldei tok det pleis Pegatri im blanga Kristjan pipul hu dai bat dei kaan go streit langa hebin dumaji deibin dum lilbit nogudbala ting. En det Roman Tjetj bin oldei tok wi gin album detlot pipul langa Pegatri if wi gibit mani langa tjetj o abum Holi Komyunyan sebis blanga detlot dedbala, o dum najalot gudbala ting. En det tjetj bin oldei tok wi gin peiyim mani blanga wiselp blanga kadimdan det taim blanga wi langa Pegatri if wi go langa det pleis.] Det tjetj bin oldei titjimbat najalot ting du. Deibin oldei tok det tjetj abum pawa blanga larram go fri enibodi wulijim dei nomo garra go langa Pegatri. Deibin oldei tok im rait blanga weship det nyukurrwan daga en detlot pitja blanga Meri o detmob speshalwan Kristjan pipul brom brabli longtaim [seint]. Deibin oldei tok im brabli gudbala blanga go en luk eni ting gulum relik (laiga bon o heya o enijing brom detmob speshalwan Kristjan pipul brom longtaim) en blanga weship detkain ting. En deibin oldei tok wi gin prei langa ol detmob speshalwan pipul brom longtaim blanga album wi iya langa dis wel. Wal ol detlot titjing deibin meigimap, im nomo trubala, im najing. Dei nomo bin faindim detlot ting langa eni bes langa Baibul o langa eni titjing langa Baibul. Ol detlot ting im brabli difrin brom wanim det Wed blanga God titjim wi.

23. Blanga dum det wek blanga minista langa tjetj

Nobodi kaan dum det wek blanga titjim det Wed blanga God langa tjetj, en nobodi kaan dum det wek blanga beptais en blanga Holi Komyunyan. Dei gin dum det wek oni if detlot rait pipul gulum olabat brabliwei blanga det lowa en jandim olabat blanga dum det wek. Detlot rait pipul blanga jingat langa olabat en jandim olabat, wal detlot abum det pawa langa tjetj blanga pikimat en jandim ministamob langa God pipul.

24. Wi garra yusum det langgus weya ola pipul sabi wen wi majurrumap miselp blanga tjetj

If yu yusum langgus weya ola pipul nomo sabi wen wi majurrumap miselp blanga prei en blanga beptais en abum Holi Komyunyan, wal det Wed blanga God shoum wi im brabli nogudwan. Langa det brabli oldendeis tjetj dei nomo bin dum lagijat du.

25. Blanga detlot serramoni gulum sekramen

Jisas Krais bin gibit wi dubala serramoni. Wi gulum det dubala ting sekramen. Wen wi joinin langa det dubala serramoni, wi shoum ebribodi wi Kristjan pipul. Detlot serramoni im det sain weya im pudum im bren en speshalwan mak blanga wi. En det dubala sekramen dei laiga sain weya shoum wi God im laigim wi brabliwei, en wen wi joinin langa det dubala sekramen raitwei, God dum det kainbala wek langa wi. Nomeda wi kaan luk det wek weya im dum langa wi, bat stil im album wi bilib strongbalawei langa im pramis wen wi joinin det dubala sekramen.

Langa detlot stori blanga Jisas langa Holi Baibul, Jisas bin gibit dubala sekramen, beptais en det nyukurrwan daga.

Sambala Kristjan pipul reken faibala mowa serramoni dei sekramen du: 1) konfemeishan, 2) wen sambodi go langa minista en tok im sori blanga im nogudbalawei en im askim det minista blanga larramgo im fri brom det nogudbala ting, deibin oldei gulum detkain penens, bat tudei langa sambala tjetj, dei gulum im rekonsiliyeishan, 3) odineishan, 4) merrit, en 5) wen dei pudum oil langa sikwan pipul. Bat det faibala nomo rili serramoni blanga det gudnyus blanga Jisas. Sambala brom det faibala kamat brom wen pipul bin bulurrum wanim det Nyutestaman dalim wi blanga dum, bat deibin tjeinjim im, en sambala blanga det faibala im gudbala ting blanga dum; bat det faibala serramoni nomo sekramen laik beptais en komyunyan, dumaji dei nomo abum serramoni weya God bin dalim wi blanga dum lagijat.

Jisas nomo bin gibit wi det dubala sekramen oni blanga luk det ting, o blanga garrimap ebriweya. Imbin gibit wi det dubala ting blanga yusum raitwei. If wi yusum det dubala sekramen raitwei, det serramoni album wi, bat enibodi hu nomo yusum det serramoni raitwei, wal im garra meigim God panishim im, Pol im tok lagijat. [1 Karinthiyans 11:28,29].

26. Nomeda det minista im nogudbala, bat stil det sekramen album wi

Langa det tjetj weya wi gin luk (Wed 19 tokabat det tjetj weya wi kaan luk), loda nogudbala ting oldei joinin garram ola gudbala ting, en samtaim mowa nogudbala ting kamat langa gudbala ting langa wi tjetj. Bat wen det minista dum im wek, im dum langa det neim blanga Jisas, dumaji Jisas bin gibit im det wek blanga dum. Blanga tharran na, wi gin lisin langa det minista wan im titjim wi, en wi gin dagat det nyukurrwan daga wen im gibit langa wi, en wi gin larram im beptaisim wi. Nomeda det minista im brabli nogudbala, bat stil det dubala sekramen, Holi Komyunyan en Beptais, album wi wen wi joinin garram det sekramen raitwei. Det dubala sekramen album wi, dumaji Jisas na bin gibit wi det dubala ting.

Bat if pipul reken eni minista im brabli nogudbala en im dum nogudbala ting, wal wi garra faindat wanim trubala blanga tharran, en abum kotkeis, en if im giltiwan, wal im kaan kipgon jidan minista.

27. Blanga beptais

Wen wi beptais, wi shoum ebribodi wi bilib langa Jisas Krais brabliwei, en wi shoum wi difrin brom detlot najalot pipul hu nomo bilib langa im brabliwei. Im jis laiga sain blanga det ting weya God dum blanga wi, im gibit wi det nyuwan laif, jis laik wibin bon igin. Wen wi beptais nomo oni atsaidwei bat insaidwei dumaji wi gibit wi laif holot langa God, God yusum det beptais blanga joinimap wi langa im tjetj. Wen wi beptais en bilib brabliwei, im jis laik God pudum im bren blanga pramisim wi im larramgo wi fri brom ola nogudbala ting langa wi laif, en im meigim wi im ronwan biginini thru langa im Holi Spirit. Lagijat na, im album wi bilib strongbalawei, en im gibit wi det pawa blanga bulurrum im dumaji wibin prei blanga tharran. Wi kipgon beptaisimbat beibi dumaji im rait blanga det wei weya Jisas bin gibit wi.

28. Blanga det sapa blanga wi Bos (Holi Komyunyan)

Det sapa blanga wi Bos Jisas (Holi Komyunyan), det sapa shoum ebribodi hau wi Kristjan pipul laigim gija brabliwei. En im sain blanga shoum hau Jisas bin baiyimbek wi brom det nogudbalawei wen imbin dai langa det kros. Wen wi dagat det daga raitwei, insaidwei, en trastim Jisas hubin dai blanga wi, God joinimap wi langa det bodi blanga Jisas, en wen wi dringgim det wain raitwei, en trastim Jisas, God joinimap wi langa det blad blanga im.

Sambala pipul bin oldei reken det minista bin tjeinjim det daga en det wain wulijim dei trubalawan bodi en trubalawan blad blanga Jisas. Bat det Baibul nomo titjim wi detkain. Najing. Tharran na im longwei brom wanim wi Baibul tok, im meigim pipul jinggabat det nyukurrwan sain rongwei, en brom deya dei reken det Holi Komyunyan im samkain klebabala ting.

Langa det sapa, Jisas gibit wi im bodi, en wi joinimap miselp langa im bodi en dagat im bodi oni insaidwei en spiritjulwei. Wi joinimap miselp langa det bodi blanga Jisas, en wi dagat im bodi [Jon 6:51–58], wen wi kaman langa im en bilib langa im brabliwei.

[Langa det taim wen deibin raidimdan dislot 39 Wed, det Roman Kethalik Tjetj bin oldei kipum det nyukurrwan daga afta det Holi Komyunyan sebis, en pipul bin kaman blanga weship det daga, dumaji deibin reken im brabliwan bodi blanga Jisas. En langa det tjetj sebis, samtaim det minista bin libdimap det daga wulijim ebribodi bin weship det daga. En samtaim deibin garrimap det daga atsaid langa det strit, wulijim ola pipul bin weship det daga. Blanga tharran na, dis Wed 28 kipgon.]

Jisas nomo bin dalim wi blanga kipum det nyukurrwan daga en det wain langa tjetj o blanga garrimap dijei tharrei o blanga libdimap o blanga weshipbat det ting.

29. Blanga detlot nogudbala pipul hu nomo dagat insaidwei det bodi blanga Jisas Krais wen dei dagat det nyukurrwan daga langa Holi Komyunyan

Ol detlot nogudbala pipul en enibodi hu nomo trastim Jisas trubalawei, wal maitbi dei dagat garram olabat maus det sekramen blanga det bodi en blad blanga Jisas (det tjetj lida langa yiya 400 gulum Seint Ogastin bin tok lagijat), bat dei nomo joinap langa Jisas Krais. Dei garra meigim God panishim olabat wen dei dagat en dringgim det sekramen blanga det brabli impotanwan ting.

30. Blanga daga en wain, dubala

[Langa det Roman Kethalik Tjetj, deibin oni gibit det nyukurrwan daga langa ola pipul, dei nomo bin dringgim det wain. Oni ola minista bin dringgim det wain langa Holi Komyunyan.]

Wi kaan holdimbek det kap brom ola Kristjan pipul langa Holi Komyunyan. Wi garra gibit det kap en det daga mijament langa ola Kristjan pipul, dumaji Jisas bin dalim im wekinmen olabat blanga dagat en dringgim det dubala pat, det daga en det wain, blanga det sekramen.

31. Jisas bin meigim imselp sekrifais ofring wen imbin dai langa det kros

Wen Jisas bin dai langa det kros, imbin meigim miselp sekrifais ofring. Im sekrifais bin meigim God sedisfaid blanga ola nogudbala ting weya wi dum langa im, en blanga det nogudbala ting weya wi holot abum langa wi laif brom det taim wen wibin bon (yu luk langa Wed 9). Im sekrifais deigidawei det wailwan filing weya God abum blanga ol detlot nogudbala ting. Det sekrifais bayimbek wi brom det nogudbalawei weya wibin jidan jis laiga prisana. En det sekrifais gaburrumap ola nogudbalawei blanga dis wel holot. Det sekrifais weya Jisas bin meigim langa det kros, im det oni ting weya gaburrumap ol detlot nogudbala ting.

[Det Roman Kethalik Tjetj bin oldei titjimbat pipul difrinwei blanga det sekrifais. Deibin oldei reken det minista langa Holi Komyunyan sebis, im sekrifaisim Jisas igin ebritaim, blanga deigidawei ola nogudbala ting brom pipul nomeda dei dedbala o laibala.]

Blanga tharran na, if wi tok det minista langa det Holi Komyunyan sebis sekrifaisim Jisas langa God igin blanga deigidawei ol detlot nogudbala ting brom dedbala en brom laibala, wal im laiyinbalawan stori, en im meigim God nogud.

32. Im rait blanga detlot minista blanga merrit?

[Det Roman Kethalik Tjetj bin oldei titjimbat pipul im rong blanga ola minista blanga merrit.]

Detlot bishapmob, detlot ministamob en detlot dikinmob, wal det lowa blanga God nomo dalim detlot blanga jidan olagijawan nomo garram waif o husben. If dei wandi merrit, im rait, jis laik im rait blanga eni Kristjan pipul blanga merrit. Dei garra jinggabat wanim mowa beda blanga jidan gudbalawei, en dum lagijat.

33. Blanga pipul hu wi kadimat brom wi tjetj

If eni Kristjan men o wuman dum brabli nogudbala ting en ola tjetj pipul kadimat im brom tjetj atsaidwei en raitwei, wulijim ebribodi sabi im nomo pat blanga ola Kristjan pipul, wal ola Kristjan pipul holot garra reken im jis laiga odinri men hu nomo Kristjan, en jis laik ola Juwish pipul bin oldei reken detmob pipul hubin gajim teks mani blanga gabman. If det men wandi kambek langa tjetj, wal im garra shoum im brabli sori blanga im nogudbalawei, en im garra dum samkain ekshan wulijim ebribodi garra sabi imbin kambek brabliwei. Longtaim, deibin abum sambala jadjmob blanga pudumbek detkain men insaid langa tjetj wen imbin brabli sori.

34. Blanga detlot lowa blanga tjetj sebis

Langa tjetj sebis sambala ting weya wi dum nomo kamat brom Baibul bat oni brom det lowa weya wi grengrenfatha bin hendimdan langa wi blanga tjetj. Detkain lowa en detlot tjetj serramoni dei nomo seim langa ebri pleis. Wi gin tjeinjim detkain lowa en serramoni, oni wi kaan meigim lowa blanga dum samting weya det Wed blanga God dalim wi nomo blanga dum. If enibodi wandi meigim im ronwan lowa miselp en im breigim detlot tjetj lowa en tjetj serramoni weya bin kamdan brom wi grengrenfatha langa tjetj (if det lowa brom wi grengrenfatha nomo breigim det Wed blanga God, en ola brabliwan tjetj lidamob reken det lowa im gudwan), wal detlot tjetj lidamob lafta dalimof im wulijim ebribodi gin lisin, wulijim nobodi kaan dum seimwei laik im. Dei garra dalimof, dumaji imbin breigim det lowa weya ebribodi bulurrum, en maitbi imbin ardim olabat hu wikwan Kristjan en oni bilib lilbit. Det tjetj langa wan kantri abum pawa blanga meigim lowa blanga tjeinjim detlot serramoni en tjetj lowa weya oni bin kamat brom men wed, en im abum pawa blanga meigim nyuwan serramoni en lowa, en im abum pawa blanga binijimof olwan serramoni en lowa. Bat det tjetj oldei garra dum detkain ting weya garra bildimap ola Kristjan pipul.

35. Blanga detlot mesij gulum homili (Homily)

[Langa det taim wen detlot tjetj lida langa England bin raidimdan dislot 39 Wed, loda minista nomo bin sabi brabliwei wanim det Wed blanga God titjim wi. Blanga tharran na, sambala brabli sabibala tjetj lida bin raidimdan loda mesij blanga album detlot ministamob hu nomo bin sabi. Detlot mesij weya detlot sabibala tjetj lidamob bin raidimdan, wi gulum detlot homili. Detlot ministamob hu nomo bin sabibala, dei nomo bin meigimap olabat ronwan mesij, dei jis bin ridimat detlot homili langa sebis.]

Det sekanwan buk weya deibin pudum ol detlot homili, im abum brabli gudwan titjing. Im rait blanga wi taim, jis laik det feswan buk blanga homili bin rait blanga det taim blanga det brabli haibala bos King Edward 6. Blanga tharran na, ola ministamob garra ridimat detlot homili brom det sekanwan buk langa sebis, adbala en brabliwei, wulijim ola pipul langa tjetj garra sabi wanim im tok.

Det buk abum 21 homili:

1. Hau blanga yusum wi tjetj brabliwei
2. Wi kaan weship enijing weya wibin meigim
3. Wi garra klinimap wi tjetj en meigim im gudwan
4. Im gud blanga libum wi daga samtaim blanga preipreibat
5. Wi kaan jidan gridibala en drangginbala
6. Wi kaan werrimon brabli purdibala klos
7. Blanga preipreibat
8. Wotaim wi garra prei en langa wanim pleis wi garra prei
9. Wi garra yusum wi ron langgus langa sebis wulijim ebribodi garra sabi
10. Wi garra duwit langa God Wed
11. Wi garra gibit mani langa powan pipul

12. Blanga Krismastaim
13. Blanga Jisas bin go thru langa det trabul en imbin dai langa det kros
14. Blanga Jisas bin gidap laibala
15. Blanga Holi Komyunyan
16. Blanga det pawa weya det Holi Spirit gibit wi
17. Blanga detlot speshalwan dei weya wi gibit theingks langa God blanga ola daga weya im gibit wi
18. Blanga merrit
19. Blanga libum wi nogudbalawei
20. Wi kaan jidan leisibala
21. Wi kaan faitfaitbat langa wi bos

36. Blanga odeinim minista en bishap

[Wen det tjetj langa England bin kadimat miselp brom det Roman Kethalik Tjetj, wal det Roman Kethalik Tjetj bin tok enibodi hu odein langa England, im nomo rili minista na, dumaji im nomo odein brom det Roman Kethalik sebis blanga odein. Wal dis Namba 36 Wed tok blanga tharran na.]

Det sebis buk blanga odeinim bishap en pris (minista) en dikin weya deibin meigim langa det taim wen det King Edward 6 bin jidan (en weya detlot gabmanmob bin agri), wal det sebis buk garram ola raitwan wed blanga odein brabliwei detlot bishap, pris en dikin. En det buk nomo garram enikain nogudbala ting weya pipul bin oldei reken klebabalawei en im nomo garram enikain ting weya nomo bulurrum blanga God wei. Blanga tharran na, if enibodi bin odein brom det sebis buk na, brom det taim blanga King Edward 6, raidap tudei, en if enibodi garra odein afta, wal imbin odein brabliwei blanga det lowa weya wi tjetj bin meigim.

37. Blanga gabman

[Wen deibin raidimdan dis Namba 37 Wed, det King langa England bin abum bigis pawa blanga meigim lowa blanga tjetj en blanga ola odinriwan pipul. Deibin abum Parlamin, laik wi abum langa Darwin o Canberra tudei, bat dei nomo bin abum voting blanga det Parlamin. Wi gabman tudei, im lilbit difrin. Langa England, det gabman meigim lowa blanga tjetj, bat langa Australia, wi gabman nomo meigim lowa blanga tjetj.]

Det King, im nambawan blanga pawa langa dis kantri England en langa im najalot kantri du. Ola gabman kaman brom im pawa na, nomeda if im tjetj gabman o odinri gabman. Nobodi langa najawan kantri kaan jidan mowa haibala langa wi King.

Nomeda wi tok det King im nambawan blanga pawa (en wi sabi sambala nomo laigim det wei blanga tok blanga det King), bat stil im kaan dum det wek blanga minista blanga titjimbat pipul brom God Wed o lidim det sebis blanga Holi Komyunyan o blanga Beptais (det stori bin kamat brabliwei langa det lowa gulum Injankshan weya det Kwin Elizabeth bin pudumat) [det najawan Kwin Elizabeth bin jidan langa det taim wen deibin meigim dislot wed]. Nomo. Bat det King yusum im pawa blanga jidan bos brabliwei langa im kantri, en blanga panishim detlot pipul hu dum nogudbala ting. Im tok langa Baibul blanga tharran (Romans 13:1–5; 1 Pida 2:13–14).

Det bishap langa Rome nomo garram pawa langa dis kantri England.

Det lowa langa England gibit pawa langa gabman blanga kilim ded enibodi hu dum rili nogudbala ting. Det gabman lowa, im tok im rait if Kristjan pipul garra dum det wek blanga solja langa ami.

38. Blanga ola enijing weya wi abum, laik sweig en mani en ebrijing. Detlot ting nomo blanga ebribodi

[Langa det taim wen deibin raidimdan dislot 39 Wed, sambala Kristjan pipul bin oldei tok wi kaan abum enijing, en ebrijing weya wi abum wi lafta sherimat. Detmob pipul bin gulum Enabeptis. Dis Namba 38 Wed im tok blanga tharran na.]

Ola mani en ola enijing weya wi Kristjan pipul abum, ol detlot ting nomo blanga ebribodi. Im rait blanga abum detlot ting, laik mani en sweig en haus. Detmob Enabeptis meigim miselp haibala en tok wi kaan abum enijing, bat dei rong. Bat nomeda im rait blanga abum enijing, bat stil wi lafta sherimat brabliwei detlot ting weya wi abum langa powan pipul, en if wi abum loda ting, wi lafta sherimat mowa.

39. Blanga bekimap wi pramis

Jisas bin tok, if yu meigim pramis o tok enijing, yu kaan yusum enikain wed blanga bekimap miselp, blanga meigim yu wed jidan mowa strongbala (Methyu 5:34–37, Jeims 5:12). Bat if wi go langa kothaus, en wi lafta meigim det pramis blanga tok trubalawei, wal im nomo rong blanga dum detkain, garram det Baibul. Oni wen wi dum detkain, wi garra meigim det pramis trubalawei, en jidan redi blanga gibit feyago langa ebribodi en redibala blanga bulurrum God trubalawei. Jeramaiya im tok lagijat na (Jeramaiya 4:2).

[God bin tok langa Jeramaiya 4:2, 'meigim pramis garram main neim en bulurrum mi trubalawei en gibit olabat feyago, wal ola najalot pipul garra askim mi blanga album olabat du'.]

Blanga Tok Theingkyu

Loda pipul bin wek mijamet blanga meigim dis preya buk brom 2012, raidap 2021. Melabat gibit bigis theingkyu langa dislot en melabat holot gibit theingks en preis langa wi God!

Melabat tok theingkyu blanga ola trensleishan tim: Rev. Carol Robertson, Rev. Marjorie Hall, Rev. William Hall, Esther Wilfred, Irene Andrews, Estelle Farrer, Rev. Darryn Farrell, Marlene Andrews, Rev. Kate Beer (CMS), Rev. Tavis Beer (CMS), Bishap Greg Anderson, Agnes Wilfred, Ruth Brigden (CMS), James Woods (CMS), Mandy Mangurra, Miriam Numamurdirdi, Evelyn Lansen, Janita Ponto, Lisa Farrer, Felicia Daylight, Mandy Sammy, Jojo Huddleston, en Trevor Carew (d.).

Melabat tok theingkyu du langa ebribodi hubin album meigim dis buk: CMS (Church Missionary Society), Mother's Union, ABM (The Anglican Board of Mission), BCA Nomads, Bishap Greg Thompson, Rev. Alan Courtney, Rev. Anne Van Gend, John en Jenna Armstrong (Wycliffe), Lynne Bigg, Rev. Jenny en Richard Brandon, Bruce en Janine Morrow, Pat en Barry Schmidt (BCA Nomads), Lance en Gwen Tremlett (CMS), Belinda Burn en Katherine Shields.

Reverend Kate Beer, Julai 2021.

www.ingramcontent.com/pod-product-compliance
Lightning Source LLC
Chambersburg PA
CBHW041824090426
42811CB00010B/1098